A GÊNESE DO GÊNERO

ABIGAIL FAVALE

ABIGAIL FAVALE

A gênese do gênero

Tradução
Igor Barbosa

QUADRANTE

Todos os direitos reservados a
QUADRANTE EDITORA
Rua Bernardo da Veiga, 47 | Tel.: 3873-2270
CEP 01252-020 | São Paulo - SP
atendimento@quadrante.com.br
www.quadrante.com.br

Direção geral
Renata Ferlin Sugai

Direção de aquisição
Hugo Langone

Direção editorial
Felipe Denardi

Produção editorial
Juliana Amato
Gabriela Haeitmann
Karine Santos
Ronaldo Vasconcelos

Capa
Karine Santos

Diagramação
Gabriela Haeitmann

Título original: *The Genesis of Gender — a Christian Theory*
Edição: 2ª
Copyright © 2022 by Ignatius Press, San Francisco

Dados Internacionais de Catalogação na Publicação (CIP)

Favale, Abigail
A gênese do gênero / Abigail Favale — 2ª ed. — São Paulo: Quadrante Editora, 2025.

ISBN: 978-85-7465-814-8

1. Comportamento sexual 2. Ética sexual 3. Revolução - Sexualidade 4. Sexo - Aspectos sociais I. Título

CDD-306.7

Índices para catálogo sistemático:
1. Comportamento sexual : Sociologia 306.7

Sumário

Agradecimentos — 9
Herege — 11
A feminista evangélica — 17
Dois paradigmas — 33
Cosmos — 37
Ondas — 59
Controle — 93
Sexo — 125
Gênero — 151
Artifício — 175
Totalidade — 203
Sinceridade na caridade — 215
Dom — 231

*Para nossos filhos e filhas.
Que eles conheçam seu
verdadeiro valor.*

Agradecimentos

Este é um livro cuja gestação foi complicada, e há muitas parteiras habilidosas a quem devo agradecer.

Primeiro, minhas amigas Hayley McCullough, Cassie Meadows, Jessica Rolfe, Merissa Zielinksi e Erika Barber. Suas orações e encorajamento me animaram em muitos momentos de medo e dúvidas.

Agradeço especialmente a Lindsay Tsohantaidis, amiga íntima que leu o manuscrito e cuja amizade é uma das minhas grandes consolações.

A todos os que compartilharam suas histórias, falando honestamente sobre disforia de gênero e transição, especialmente Daisy Chadra, Laura Reynolds e Adelynn Campbell, que me contaram suas histórias com confiança — uma coisa sagrada; e a uma certa mulher que prefere manter-se anônima e que me ensinou a melhor maneira de apoiar a dignidade de pessoas intersexuais como ela.

Aos que me ajudaram a organizar meus próprios pensamentos, dizendo sim a uma desconhecida que lhes pediu um bate-papo pelo Zoom: Angela Franks, Erika Bachiochi, Stephen Adubato, Isaiah Jones e Benjamin Boyce.

Para Artur Rosman, editor do *Church Life Journal*, que graciosamente me deu permissão para trazer para este livro algumas palavras de meus ensaios publicados em seu periódico.

Para Corynne Staresinic, fundadora da *The Catholic Woman,* que me ajudou a imaginar como poderia ser um feminismo católico.

A Mark Brumley, por me dar uma chance, e a Suzanne Lewis, Thomas Jacobi e Abigail Tardiff, todos eles bons pastores durante o processo de edição.

A Michael e aos nossos filhos, que, acima de tudo, me revelam diariamente a profundidade do amor divino e a beleza sacramental do corpo.

Abigail Favale
15 de outubro de 2021
Festa de Santa Teresa de Ávila

Herege

Na primavera de 2015, eu estava ministrando um curso sobre teoria de gênero em uma universidade cristã. Havia anos que eu lecionava esta disciplina, mas nunca da mesma maneira. Assim como meus alunos, a teoria de gênero estava sempre se transformando, e eu precisava me virar constantemente para acompanhar os últimos jargões e tendências. Naquela ocasião foi diferente; eu estava no meio de duas reviravoltas dramáticas em minha vida pessoal: o nascimento do meu segundo filho, que se deu no meio do semestre, e uma conversão tumultuada ao catolicismo que vinha derrubando tudo o que eu julgava saber. Simultaneamente, eu paria e nascia; meu corpo se virava do avesso para dar à luz uma menina, enquanto minha alma virava-se do avesso para abrir-se ao Cristo. Cada um desses nascimentos, a exemplo de todos os nascimentos, constituía um paradoxo abrangente de beleza e agonia.

Meus partos físicos tendem a ser rápidos. O parto espiritual, nem tanto. Comecei aquele semestre como uma convertida, mas só em parte: era tecnicamente católica, mas interiormente ainda não. Estava num meio-termo estranho e vertiginoso. Quando entrei para a Igreja, em 2014, esperava me tornar uma "católica *self-service*", carregando minhas queridas crenças progressistas para dentro da Igreja e me escondendo ao abrigo da liberdade de consciência. Então aconteceu algo terrível: minha consciência começou a se rebelar. As crenças progressistas que eu carregava deixavam de parecer pertences pessoais e ficavam mais parecidas com uma bagagem, isto é, com um monte de coisas pesadas e fora de lugar.

O mundo em que eu vivera confortavelmente como acadêmica feminista começou a fazer menos sentido. Eu estava como o infeliz habitante da caverna de Platão, cambaleando pela primeira vez desde um lugar escuro rumo à luz ofuscante do dia. As sombras nas paredes de pedra atrás de mim, antes tão claras e perturbadoramente reais, agora pareciam cômicas e desproporcionais. No entanto, sair da caverna era aterrorizante; meus olhos não conseguiram se ajustar a um mundo iluminado pelo sol, então fiquei um pouco na entrada, encalhada à meia-luz.

Ensinar teoria de gênero naquele estado era, na melhor das hipóteses, desconcertante. Enquanto analisava artigos que eu havia trabalhado dezenas de vezes, de repente eu me via atormentada por perguntas surpreendentes, notando lacunas e inconsistências que nunca tinham me incomodado antes. Ao longo do semestre, ficou cada vez mais claro para mim — em pequenas epifanias de horror — que havia mais de uma década eu estivera vivendo em uma caverna e confundindo-a com a realidade. Porque me tinha dedicado ao meu amor pela literatura feminina e ao meu permanente interesse pelas experiências das mulheres, eu havia entrado num campo de estudo que impunha uma venda casada, com sua própria cosmovisão totalizante — uma cosmovisão que gradualmente absorvi. Eu me tornara uma ideóloga sem perceber.

Lembro-me de uma aula em particular, na qual meus alunos e eu estávamos discutindo um ensaio de Judith Butler, proeminente teórica de gênero. No ensaio, Butler desenvolve seu conceito de performatividade de gênero, isto é, do gênero como algo que *fazemos*, em vez de algo que *somos*. (Tratarei com mais detalhes a obra de Butler no capítulo 3.) Como a maioria dos teóricos críticos, Butler escreve em prosa quase impenetrável; no entanto, meus alunos de pronto abraçaram sua ideia de que o gênero seria uma *performance*. O que eles não perceberam é que Butler afirma que o gênero é *apenas* uma *performance*, que "mulheres" não existem realmente e que qualquer afirmação que se proponha verdadeira é, em última análise, um exercício de poder. Essas ideias, que talvez não fossem tão atraentes aos meus alunos, permaneceram um tanto escondidas sob a superfície, obnubiladas por um jargão opaco. Meus alunos percorriam a superfície, colhendo algumas flores aqui e ali, mas nunca deram uma boa olhada nas raízes. Só agora, analisando minha compreensão inicial daqueles textos, vejo que também eu não poderia ajudá-los em grande coisa.

Naquele dia, saí da aula me sentindo derrotada, mas sem saber por quê. Já havia trabalhado aquele texto com alunos de graduação antes — muitas vezes, e com a consciência tranquila. Na verdade, muitas vezes eu me senti *bem* em expor meus alunos a teorias inebriantes e modernas sobre gênero. Quando, como frequentemente acontecia no final do curso, eles expressavam uma incerteza e uma confusão recém-descobertas, eu me sentia satisfeita, como se minha tarefa central enquanto professora de estudos de gênero consistisse em perturbar e desestabilizar seus pontos de vista arrumados e simplistas, expondo-os a uma complexidade insolúvel. Agora, porém, aquele trabalho de desorientação começava a me inquietar. Minha consciência, depois de uma década dedicando-me elogios tranquilizadores, passara à perplexidade, perguntando: "Então... Será que isso é *verdade*?"

Nesse estado de inquietação, procurei o conselho de um professor mais velho que eu respeitava. Corri direto da minha casa para a sala dele, com meu cabelo ainda molhado de um banho recém-tomado. Eu tinha acabado de voltar da licença-maternidade, estava sempre cinco minutos atrasada e suando profusamente, tentando enfiar tudo o que podia nas janelas de três horas entre uma sessão de amamentação e a seguinte. Apareci diante dele com uma Coca-Cola Zero na mão, achando que estava indo apenas ter uma conversa agradável e casual com um colega. Em cinco minutos, porém, eu já estava no modo de confissão completa, revelando as autoacusações de minha consciência não a um padre, mas a um quacre de barba grisalha, à maneira de um Gandalf. "Eu me sinto como se estivesse dando veneno para meus alunos beberem", falei. Por tantos anos, tinha sido descuidada, incauta com suas mentes e — no que mais me assustava — com suas almas.

O professor me ouviu em silêncio, como de costume. Ele tende a falar pouco, mas geralmente são palavras sábias, e raramente as que você quer ouvir. Ele poderia ter me mimado; poderia dizer que eu tinha feito o que eu achava certo na época, que eu estava sendo muito dura comigo mesma. Só que, em vez disso, ele falou, em um sotaque dos Apalaches: "Você conhece aquele versículo de Mateus? Aquele que diz que, se alguém fizer os pequeninos tropeçarem, melhor seria que tivesse uma pedra de moinho pendurada no pescoço e se afogasse no mar? Sempre achei que seria uma boa ideia se nós, professores, tatuássemos esse versículo em nossos braços."

Era isso o que eu estava sentindo: a maldita pedra de moinho. Na verdade, ela estivera em volta do meu pescoço por anos, mas só agora eu vinha sentindo o peso. E isso era um alívio.

Saí da sala com um pouco mais de clareza sobre o que *não* queria fazer. Eu não queria continuar ensinando a teoria de gênero como um conjunto de ideias moralmente neutras, sem dar atenção à cosmovisão que operava em segundo plano. Não queria que o saldo dos meus esforços fosse a confusão. Eu entendia o que *não* fazer, mas tinha menos certeza sobre o *que* fazer.

Se a teoria de gênero era, em sua raiz, uma disciplina ideológica, eu não teria simplesmente desperdiçado meu tempo dedicado à carreira acadêmica? Não havia nada de bom, nada aproveitável? Eu não sabia como integrar essas teorias à minha recém-descoberta identidade católica — ou mesmo se deveria tentar essa integração. Eu precisava continuar galgando para fora da caverna, disso eu sabia; mas não havia nada de valor que pudesse trazer comigo? Eu vinha experimentando uma profunda dissonância de cosmovisões: era como se estivesse flutuando despreocupadamente no que eu julgava ser uma jangada robusta, mas apenas para descobrir que estivera esticada entre dois troncos que iam se afastando.

Suspeito que existam muitas mulheres hoje que se encontram em um lugar semelhante: presas entre visões de mundo, suspensas entre o cristianismo e as últimas tendências feministas, imaginando como essas perspectivas se conectam e se sobrepõem — se é que o fazem. Algumas sentem essa tensão profundamente, sem saber como conciliar ambas as visões. Outras não sentem tensão nenhuma e até concluem que o cristianismo e o feminismo são tão compatíveis que equivalem mais ou menos à mesma coisa: seguir Jesus é ser feminista. Depois, há aquelas que adotam o feminismo tão sinceramente que ele mesmo se torna uma religião, ao que quaisquer princípios cristãos remanescentes aos poucos se tornam vestígios ou desaparecem por completo.

Em minha estranha e sinuosa jornada pela fé, fui cada uma dessas mulheres.

A feminista evangélica

Estávamos no outono de 2001 quando fui para a faculdade cursar a graduação. As Torres Gêmeas foram atingidas por aviões duas semanas após o início do meu primeiro período. O mundo estava tumultuado, mas o palco da confusão se localizava a quilômetros de distância: eu estava segura na Costa Oeste, mais preocupada com a reviravolta que se dava em meu mundinho particular. Sair de casa era como fugir de uma prisão. Eu estivera ansiosa para cumprir a promessa de autodescobrimento que a faculdade trazia... e para encontrar um namorado o mais rápido possível. Na época eu defendia ideias tipicamente evangélicas a respeito das mulheres; acompanhava o discurso majoritário em temas como liderança masculina e submissão feminina — isto é, pelo menos se me perguntassem. Encorajada a sonhar com meu futuro marido, eu mantinha na parte de trás do meu diário uma lista de características desejadas. O primeiro item? "Ser um líder em casa e no mundo". Contraditoriamente, também conservava uma lista de todos os garotos que eu tinha beijado — um número que passou a precisar de dois algarismos no verão antes da faculdade.

Apesar de minha saudação protocolar à autoridade masculina, eu não tinha um bom histórico como exemplo do ideal feminino de submissão. Muitas vezes me encontrava em espaços predominantemente masculinos, como o time de futebol no ensino médio e as aulas de filosofia na faculdade. Era ambiciosa e competitiva, bem como severa quando necessário. Não me encaixava nos padrões femininos (para começar, tinha pelos demais), e minha consciência desse fato aumentou durante aquele primeiro ano de faculdade. Debates sobre os papéis das mulheres, os quais me tinham parecido irrelevantes na adolescência, agora cresciam em urgência. Casamento, vida familiar, carreira: essas não eram apenas fantasias futuras, mas perspectivas iminentes. A questão da minha identidade e propósito como mulher tornou-se premente.

Entrei na faculdade presumindo, como me ensinaram, que o feminismo era uma ideologia prejudicial e incompatível com o cristianismo. Não que alguém na minha igreja evangélica ou na pequena cidade mórmon em que eu nascera tenha de fato mencionado o feminismo. O máximo que tinha ouvido fora Rush Limbaugh reclamando certa vez das "feminazis" no rádio do carro. Eu pensava nas feministas como mulheres esquerdistas e estridentes, com cabelos curtos e terninhos. Não demorou muito para essa caricatura cair no esquecimento. Nove meses após entrar na faculdade, eu estava escrevendo um trabalho de conclusão de curso intitulado "Deus é feminista" e enviando-o por e-mail a meus pais, que sem dúvida ficaram chocados.

O que provocara essa mudança repentina? Ler a Bíblia. Como evangélica de berço, eu tinha lido bastante as Escrituras, mas apenas de forma fragmentada: um versículo para memorizar aqui, um capítulo ou passagem ali... Na faculdade, entretanto, fui obrigada a ler um livro bíblico inteiro de uma só vez, e assim descobri, na Bíblia que eu achava que conhecia, alguns cantos estranhos e obscuros. Surpreendi-me ante versículos sobre mulheres que tinham de cobrir as cabeças e ficar em silêncio na igreja; ou, o que era ainda mais desconcertante, sobre mulheres que eram a imagem e glória do homem, que seria a imagem e glória de Deus (cf. 1 Cor 11, 7). Isso me deixou sem chão. Os homens estariam mais próximos de Deus do que as mulheres? Apesar de ter crescido num ninho de conservadorismo religioso — uma bolha evangélica dentro de uma bolha mórmon —, eu nunca tinha sido tão diretamente confrontada com o que parecia uma distinção hierárquica entre mulheres e homens — e na Palavra de Deus!

Rejeitei instintivamente a ideia de que as mulheres teriam menos valor aos olhos de Deus. No entanto, queria ser capaz de conciliar minha crença na igual dignidade de homens e mulheres com a palavra autorizada das Escrituras. Meu professor não tinha uma interpretação satisfatória, assim como meus colegas. Sentindo-me perdida, fui até a biblioteca em busca de respostas. Perambulando por aqueles corredores, fiz uma descoberta que reorientaria a trajetória de minha vida intelectual: a interpretação bíblica feminista.

Essa descoberta desencadeou o que podemos chamar de minha "primeira onda": a do feminismo evangélico. Nos dois anos seguintes, concentrei a energia na interpretação das Escrituras de uma maneira que afirmasse a perspectiva igualitária a respeito de homens e mulheres. Encontrei uma chave hermenêutica de ouro em um trecho de Gálatas 3, 28: "Não há (...) nem homem nem mulher, pois todos vós sois um em Cristo Jesus." Lancei mão dessa chave para destravar os versículos que me intrigavam. Enquanto isso, minhas visões religiosas mais amplas permaneciam mais ou menos evangélicas. Eu ainda tomava a Escritura como a autoridade máxima, com a ressalva de que fosse interpretada corretamente; tinha fé na revelação cristã e na obra salvífica de Cristo. Não via nenhuma tensão entre feminismo e cristianismo, tal qual eu os entendia, e me entreguei à tarefa de convencer os outros dessa compatibilidade.

Minha "segunda onda" de feminismo começou quando eu era assistente. Havia uma nova professora no *campus* que era uma feminista radical, e eu assisti a uma aula dela sobre as mulheres da Bíblia. Quando chegamos àquelas desagradáveis passagens paulinas do Novo Testamento, eu me aprumei e esperei que me ensinassem o que já sabia: que Paulo não é sexista; temos apenas de lê-lo corretamente.

Para minha surpresa, a professora começou a apresentar um argumento inteiramente diverso: Paulo é realmente sexista, mas podemos simplesmente ignorar esses trechos das Escrituras, uma vez que foram corrompidos pela cultura patriarcal da época. Minha primeira reação a isso foi de frustração; eu sabia que meus colegas de classe, que eram céticos em relação ao feminismo, não aceitariam qualquer perspectiva que interpretasse a Bíblia levianamente, e eu esperava ganhar alguns feministas convertidos.

Apesar da minha irritação inicial, as aulas gradualmente começaram a mudar minha visão das Escrituras. No final do semestre, eu havia adotado de todo o coração a maneira de pensar e ler da professora. A Bíblia não era mais a Palavra de Deus, algo confiável e profundamente verdadeiro; eu a via como um artefato produzido pelo homem e como um instrumento de opressão das mulheres. Pela primeira vez, começava a sentir uma tensão, até mesmo um abismo, entre o cristianismo e o feminismo. Eu estava decididamente do lado feminista, encarando com desconfiança as Escrituras e a tradição.

No semestre seguinte, fui para Oxford estudar autoras medievais. Passei quatro meses imersa nas obras de Hildegarda de Bingen, Juliana de Norwich e Cristina de Pisano — todas escritoras profundamente cristãs e filhas fiéis da Igreja. Estranhamente, não via essas mulheres como representantes da tradição, mas como figuras marginais cujas vozes foram suprimidas. Encontrei um pequeno guia de referências com elementos misóginos nos escritos de vários Padres da Igreja, os quais considerei representativos da tradição cristã como um todo. Sem ler nenhuma das fontes primárias em sua totalidade, esses trechos retirados de seu contexto completo me bastaram para colocar na lista negra Agostinho, Ambrósio, João Crisóstomo etc., bem como para respaldar minha presunção de que a tradição cristã era misógina.

Não demorou muito para que eu assumisse uma perspectiva reducionista e dualista da história da Igreja. Via as escritoras recém-descobertas como figuras marginalizadas, embora Hildegarda tivesse exercido enorme influência em sua época e de lá para cá tenha sido declarada santa e doutora da Igreja. Minha compreensão da "tradição" era irremediavelmente pobre, mas eu não sabia disso. Tinha sido criada em um nicho mais ou menos a-histórico do cristianismo, um canto em que nossa igreja local se enxergava como extensão perfeita dos primeiros cristãos do Novo Testamento. Os séculos intermediários, a elaboração gradual dos credos, cânones e doutrinas — tudo isso era completamente ignorado. Eu não era nem mesmo conscientemente protestante, sem saber que o evangelicalismo é em si uma tradição, a criança mais nova num bairro antigo. Eu conhecia bem a Bíblia, mas desconhecia o legado de sua tradição interpretativa. Presumia, ingenuamente, que minha familiaridade com as Escrituras me tornava uma grande especialista no tema da religião, e não perdi tempo em construir, às pressas, um espantalho frágil e fácil de derrubar como representação do cristianismo.

Olhando para trás, consigo perceber claramente que ambas as minhas primeiras fases feministas foram caracterizadas por uma seletividade entusiasmada. Como feminista igualitária, selecionei os versículos que pareciam afirmar essa perspectiva, como Gálatas 3, 28, e os usei para reinterpretar os que pareciam em desacordo com o igualitarismo. Como feminista crítica, concentrei-me nas passagens que eram flagrantemente sexistas e as usei para confirmar minha conclusão de que a Bíblia e, portanto, o cristianismo como um todo eram fundamentalmente patriarcais e precisavam de uma reforma feminista urgente. Em vez de mergulhar na tensão criada por esses aparentes conflitos dentro das Escrituras, tentei a solução clássica para situações assim: eliminá-la completamente.

Tive um vislumbre de uma terceira via em Oxford — um sistema que evitasse os caminhos desgastados da hierarquia misógina, por um lado, e da mesmice igualitária, por outro. Escrevi meu trabalho de conclusão de semestre sobre a cosmologia de Hildegarda, focando especificamente em sua compreensão do homem e da mulher na ordem da criação. As diferenças entre homens e mulheres têm sido usadas com demasiada frequência para justificar uma hierarquia estrita de valores e papéis entre os sexos. No esforço por rejeitar isso, o pensamento feminista costumou tratar com hostilidade a própria diferença entre os sexos e a minimizou, a fim de afirmar sua igual dignidade. A teologia mística de Hildegarda, transmitida por meio de imagens ricas, e não por proposições abstratas, transmite uma compreensão da diferença que é harmoniosa e equilibrada, e não hierárquica. Pude reconhecer que sua visão de complementaridade era diferente da complementaridade que me haviam ensinado nos círculos evangélicos, e também percebi que ela estava em descompasso com o feminismo moderno, que desconfia do próprio conceito de complementaridade.

De certa forma Hildegarda conseguira equilibrar, de uma maneira que eu ainda não havia visto, a igual dignidade com a relevância das diferenças. Eu gostaria de ter seguido esse fio; talvez tivesse me puxado para o cosmos cristão mais cedo. Em vez disso, deixei-o para lá e me perdi, ao longo dos dez anos seguintes, no labirinto do feminismo pós-moderno.

Feminista revisionista

Este foi o começo de uma nova onda para mim: o feminismo revisionista. Tendo concluído a faculdade, fui para a Escócia fazer a pós-graduação, em que estudaria escrita feminina e teoria de gênero. Naquela época, estava cada vez mais interessada no feminismo pós-estruturalista francês. Fui atraída por filósofas como Hélène Cixous e Luce Irigaray, que faziam coisas estranhas e perturbadoras com a linguagem. Ler suas obras era como adentrar um mundo de sonhos, atravessando a superfície do pensamento consciente rumo a um reino subterrâneo onde palavras, imagens e metáforas giravam em redemoinhos vertiginosos, criando imagens que se moviam, cintilavam e se dissolviam. Como estudante de graduação em filosofia, eu havia ficado cansada da linguagem árida da filosofia analítica, que parecia irremediavelmente afastada da experiência encarnada. Aquelas feministas francesas estavam na corrente continental da filosofia, e o corpo, especialmente os corpos das mulheres, ocupava um grande espaço em seus escritos. Enquanto as feministas anglo-americanas pareciam estar fazendo o possível para evitar a diferença e a especificidade do corpo feminino — sua capacidade de gestar, amamentar, dar à luz —, as feministas francesas se deleitavam com essas características. O trabalho de Cixous articula um modo de escrita distintamente feminino, valendo-se da riqueza metafórica da feminilidade. "Escrevo com tinta branca", declara, como se estivesse sentada em seu escritório parisiense, molhando a pena em leite materno.

Um mês antes de iniciar meu programa de mestrado em estudos de gênero, fiz algo nada convencional, pelo menos para quem está iniciando um programa de mestrado em estudos de gênero. Eu me casei. E com um homem, veja só — aos vinte e dois anos. Isso foi tão desconcertante para minhas companheiras feministas que elas me apelidaram de "a esposa *queer*"; no mundo acadêmico feminista, eu era uma aberração, já estabelecida em um casamento heterossexual enquanto a maioria das minhas colegas pulavam de galho em galho, de um triângulo amoroso lésbico a outro.

Eu tinha outra característica estranha: eu era religiosa. Ou melhor, eu não era *antirreligiosa*. Para uma pessoa religiosa de verdade, pareceria alguém bastante mundano. Durante todo o tempo em que morei na Escócia, não entrei numa só igreja: o máximo que fiz foi perambular pelas ruínas da antiga catedral à beira do mar do Norte. Essa catedral, construída no século XII, fora um dia a maior igreja da Escócia e um centro vibrante do catolicismo, servindo como sede da Arquidiocese de Santo André. Em 1559, a catedral foi saqueada pelos seguidores do reformador protestante John Knox, e em dois anos acabou completamente abandonada e deixada em ruínas.

Passei a ver o cristianismo como uma catedral abandonada, uma estrutura sagrada que havia sido justamente desmantelada — não por causa das transgressões papistas, mas em razão das transgressões patriarcais. Em vez de me afastar das ruínas, fiquei no meio delas, tentando reorganizar as pedras e reconstruir. Queria refazer a catedral — porém, como um ato de revisão, e não de restauração. Queria construir um cristianismo novo e totalmente expurgado de sexismo, hierarquia e pecado.

Esse trabalho de revisão religiosa tornou-se o foco da minha tese de doutorado, e as feministas francesas foram minhas musas, sobretudo a filósofa Luce Irigaray. Seu trabalho se prestava prontamente a essa tarefa de revisão por dois motivos: ao contrário de muitas filósofas feministas, ela dá algum valor à dimensão religiosa da experiência humana; e, como pós-moderna, não impõe limites ao quão livre e extensivamente se pode revisar o que já existe.

O pós-modernismo — para simplificar — é uma visão de mundo que enxerga a realidade como algo feito de narrativas criadas por seres humanos, em vez de uma totalidade de verdades objetivas que podem ser descobertas. O pós-modernismo reflete um profundo ceticismo em relação às "metanarrativas" — narrativas coletivas e explicativas que oferecem um relato abrangente da realidade. O cristianismo, ou qualquer religião estabelecida, certamente se qualifica desta forma, assim como o cientificismo ateu. O pós-modernismo é igualmente cético em relação a uma compreensão iluminista da realidade. Os pós-modernistas não rejeitam necessariamente a existência de Deus, mas rejeitam a cognoscibilidade de Deus e a verdade objetiva. Deus não é um ser que se revela a nós por meio da ordem criada e da revelação divina; trata-se, antes, de uma mera projeção dos desejos de humanos, uma história que contamos a nós mesmos.

A filosofia de Irigaray enfatiza a necessidade do conceito de Deus como limite ou horizonte último em direção ao qual podemos crescer e nos desenvolver como seres humanos. O problema, para Irigaray, é que esse horizonte foi definido pelos homens, projetado a partir do desejo e da experiência masculinos. A tarefa das mulheres consiste em criar uma compreensão distintamente feminina de Deus, uma que possa facilitar nossos "devires" enquanto mulheres. Irigaray não acha que as mulheres precisam se livrar da religião, mas que devem se encaixar em uma religião criada por elas mesmas.

Durante a pós-graduação, tornei-me uma feminista pós-moderna à maneira de Irigaray. Passei a enxergar a realidade como uma cúpula fechada, acima de mim. Podia olhar a cúpula e imaginar que algo misterioso e divino existia além dela; mas, dentro do mundo fechado sob a cúpula, a única ferramenta que eu tinha para acessar esse "além" era a linguagem — palavras, metáforas e imagens que, como criações humanas, sempre ficariam aquém de capturar a suma verdade. O melhor que eu poderia fazer seria brincar com essas palavras e tentar lhes dar sentido, sabendo o tempo todo que elas atingiriam o teto impenetrável da cúpula e cairiam de volta.

Há algo nisso. Místicos, teólogos e doutores da Igreja sempre enfatizaram que Deus está além da finita compreensão humana e nunca pode ser totalmente compreendido. Eu estava indo um passo adiante, confundindo "compreensibilidade" com "cognoscibilidade". Deus está além de nossa compreensão, mas *não deixa de ser cognoscível*, porque é capaz de se fazer conhecido. Como pós-modernista, concentrei toda a minha atenção na incapacidade da linguagem e do entendimento humanos de alcançar e compreender plenamente um ser divino. Tinha perdido de vista um ser divino que se abaixa para nos tomar no colo.

Segundo aquela visão de mundo, qualquer alegação de um saber autoritário não passa de exercício de poder. Não há autoridade, seja a Escritura ou o Magistério da Igreja, que tenha acesso especial à verdade, e portanto eu poderia rejeitar ou aceitar à vontade qualquer doutrina estabelecida. Eu via o cristianismo como uma narrativa criada por seres humanos e, portanto, aberta a revisão por outros seres humanos, como eu. Em minha dissertação, analisei romances escritos por mulheres que desafiaram e modificaram as narrativas cristãs tradicionais, e via isso como uma tarefa libertadora, uma reivindicação de poder.

Essa foi toda a prática religiosa que realizei durante aquele período da minha vida. Eu não rezava, não frequentava uma igreja, não lia as Escrituras. Eu dissertava. Era cristã apenas no sentido de que a narrativa cristã era a que eu havia escolhido usar como brinquedo. Do meu ponto de vista pós-moderno, isso era suficiente.

Houve momentos, às vezes dias inteiros, de súbita lucidez. Eu olhava a página que estava escrevendo, ou o texto que estava lendo, e pensava: *Estou apenas inventando coisas*. Naqueles instantes, eu tinha a sensação fugaz e angustiante de que o trabalho que estava fazendo não se ligava a nenhum tipo de conhecimento genuíno. Isso logo passava; eu me livrava da sensação descartando-a como mera insegurança de uma pós-graduanda. No fundo, por baixo do jargão pós-moderno da moda que eu havia internalizado, minha alma ainda buscava, como se por reflexo, algo verdadeiro.

O que mais me incomoda a respeito desse período da minha vida é a dissonância cognitiva que suportei. Eu me considerava cristã, mas não acreditava em nada que se assemelhasse à ortodoxia e não tinha nenhuma prática ativa. Tinha deixado o cristianismo para trás sem perceber. Minha fé fora esvaziada por dentro, mas, como uma fina casca externa permanecia intacta, não encarei a realidade de que só era cristã de nome. No plano da crença, eu era agnóstica; na vida prática, uma ateia.

Uma forma de contar minha história seria dizendo que o feminismo me afastou do cristianismo. Sob certo ponto de vista, isso é verdade. Mergulhar na filosofia feminista, na interpretação feminista da Bíblia e na teoria de gênero me ensinou a ler o mundo — especialmente as Escrituras e a tradição cristã — sob uma "hermenêutica da suspeita". Fui condicionada a partir do princípio de que o sexismo operava sempre, em todos os textos e em todas as interações humanas, e de que meu trabalho era desmascará-lo e gritar: "Peguei você!" Toda visão de mundo se baseia em certos pressupostos que são tidos como certos — do mesmo modo como uma casa repousa sobre uma fundação. Esses princípios são afirmações que se apresentam como verdade e precisam ser aceitas sem a exigência de uma prova.

Mesmo o pós-modernismo repousa, por mais irônico que isso pareça, na premissa de que nenhuma premissa de nenhuma cosmovisão é verdadeira. Quando conheci o feminismo, minha fundação era cristã; eu estava abordando o feminismo a partir de premissas cristãs. Em determinado momento, isso mudou, e eu passei a viver sobre uma base diferente, observando o cristianismo pela janela, de longe. Essa mudança foi o que causou a deterioração da minha fé cristã, pois por ela o fundamento dessa fé foi removido. Meus primeiros princípios, as premissas sobre as quais minha visão de mundo se baseava, eram agora pós-modernas.

Feminista herege

Há, no entanto, outro lado desta história que deve ser contado. Primeiro, o fato de que o interesse pelo feminismo me levou a estudar Hildegarda de Bingen, a brilhante mística que se tornaria a santa da minha confirmação, dez anos depois. E, ainda, o fato de que a filosofia de Irigaray acabou por desempenhar um papel relevante na minha eventual guinada rumo à Igreja Católica.

No primeiro ano do meu doutorado em Saint Andrews, quando ainda estava em crise e tentando descobrir o que deveria fazer, fui aceita em um curso com Luce Irigaray, minha filósofa-heroína. Banida da academia francesa por ser assaz iconoclasta — seu primeiro livro, *Speculum of the Other Woman*, se volta contra gigantes estabelecidos da *intelligentsia* francesa, como Jacques Lacan —, Irigaray lecionava no Reino Unido, ministrando cursos de uma semana que reuniam doutorandos de todo o mundo para trabalhar com ela em suas pesquisas. Eu era a mais jovem do grupo e facilmente a mais perplexa. Não podia acreditar que estava na mesma sala, sentada à mesma mesa, com minha heroína feminista. Entre as palestras, ela nos regalava com fofocas internas sobre outros filósofos franceses, como Hélène Cixous (que, segundo Irigaray, é *absolutamente aterrorizante*). Eu estava tão dominada pela euforia e pela ansiedade que mal conseguia comer, e para dormir precisei pedir comprimidos de melatonina aos meus colegas americanos, que os tinham trazido para combater o *jet lag*.

Quando chegou a hora de apresentar minha pesquisa, que naquela altura mal havia começado, expliquei que vinha estudando como as escritoras contemporâneas estavam reimaginando conceitos e histórias religiosas tradicionais em seus romances. Irigaray se opôs fortemente à minha confiança no conceito de "imaginação". Ela argumentou que era excessivamente etéreo e conceitual, o que contribuía para um dualismo doentio que valoriza o reino da abstração em detrimento do reino da corporalidade. Em vez de *imaginação,* insistiu ela, eu deveria me concentrar na *encarnação*.

Este foi um ponto de virada. Reorientei minha dissertação para a ideia de encarnação como saída para o dualismo. A "encarnação" tornou-se o tema proeminente da minha vida intelectual. Li, escrevi e teorizei sobre ele durante anos; ele se tornou a linha de pesca que me manteve presa ao cristianismo, pois reconhecia que a doutrina da Encarnação diferencia o cristianismo das outras religiões.

É claro: havia uma ironia invisível nisso. Na época não a enxergava, mas me parece gritante agora. A "encarnação" que eu havia abraçado não era uma encarnação real, mas conceitual. Eu continuava fugindo à questão de saber se Deus *realmente,* e não apenas *metaforicamente,* havia se tornado homem em Jesus Cristo. Mas uma encarnação que é apenas conceitual cai na mesma armadilha do dualismo de que eu vinha tentando escapar. Para tomar emprestada uma frase do filósofo Charles Taylor, esta era uma encarnação puramente "excarnada", pois o que em tese teria sido *corporificado* fica reduzido a uma ideia teórica.

Apesar dessa ironia, minha preocupação com a encarnação foi o glorioso gancho que permitiu que a graça divina me atraísse para a Igreja Católica. Com quase trinta anos, estava espiritualmente faminta. Brincar com conceitos e metáforas religiosas não era suficiente, justamente porque estes não podem ser verdadeiramente *encarnacionistas* quando desvinculados da realidade da *encarnação,* a qual se torna visível e tangível nos sacramentos. Estava cansada de apenas pensar em encarnação; eu precisava prová-la, prová-*lO,* o Verbo feito carne; e esse desejo eucarístico me impulsionou para uma conversão repentina e inesperada.

Já escrevi longamente sobre essa conversão, com toda a sua bizarra complexidade, mas aqui quero destacar apenas um aspecto-chave. Na minha história de conversão, há uma reviravolta estranha, pelo menos para aqueles que acham que não há nada que se salve na teoria feminista. Com efeito, foi o fato de estudar Irigaray o que me levou à estrada sinuosa que deu no catolicismo. É por causa dessa dupla verdade — a de que a teoria feminista me afastou e depois me levou de volta a uma profunda fé cristã — que não aceito relatos simplistas a respeito da influência do feminismo, seja para demonizá-lo (às vezes literalmente), seja para glamourizá-lo em excesso. Como acontece na maioria das coisas deste mundo, sobretudo na maioria das filosofias, há no pensamento feminista uma mistura de bem e mal, de verdade e falsidade. É a falta de cautela diante dessa mistura que pode causar problemas.

Precisamos dar uma boa olhada no feminismo e distinguir o bom do ruim. Isso é especialmente verdadeiro agora, porque o feminismo, graças à internet e à própria academia, ganhou ampla popularidade. Minha experiência como estudante universitária cristã no início dos anos 2000 é muito diferente da experiência das minhas alunas agora. No meu tempo de graduação, nenhum professor ensinava sobre o feminismo em sala de aula; este não era um tema presente em nenhuma bibliografia obrigatória. Tive de me esforçar para caçar alguns livros empoeirados na biblioteca, guardados lá desde os anos 1980, com poucos carimbos de empréstimo na contracapa. Mais significativamente, a internet estava em seus primórdios; *googlar* ainda não era um verbo, e as redes sociais não existiam. Com tudo isso em mente, parece um pequeno milagre eu ter me tornado feminista tão rapidamente em uma faculdade evangélica, lá em 2001. Fui uma excêntrica. Ao longo dos meus quatro anos, talvez houvesse um punhado de outras alunas, entre as que conheci, que se identificariam como feministas da mesma forma. Éramos uma minoria barulhenta, mas pequena. Eu rapidamente conquistei fama como "aquela garota feminista", pois este não era um título disputado por muitas.

Agora, vinte anos depois, meus alunos habitam um mundo em que o feminismo se tornou dominante, mesmo nos círculos cristãos. *Não* ser feminista é uma grande gafe, equivalente a ser antimulher. *Slogans*, *hashtags* e *memes* feministas permeiam as mídias sociais, e a pressão para entrar na onda é intensa. Mesmo na universidade cristã onde leciono, o feminismo se tornou parte do *establishment*. Há disciplinas sobre teoria de gênero e filosofia feminista, e conceitos da teoria feminista fazem parte do currículo-padrão em certas disciplinas como literatura inglesa e serviço social. Tive de me esforçar para encontrar o feminismo quando estudante universitária, mas hoje isso não é mais necessário. Frente a um questionamento inevitável, o jovem é forçado a se identificar ou não se identificar como feminista — e em que grau.

Eu me deparei duramente com essa realidade há alguns anos, quando uma de minhas alunas veio confessar algo: ela não tinha certeza se era feminista. Ela acreditava na igualdade entre homens e mulheres, é claro (e ela mesma era uma estudante talentosa e ambiciosa, capaz de ser aceita em um dos melhores programas de pós-graduação), mas não tinha certeza a respeito de todo o *pacote* feminista. Ela não podia admitir isso para seu grupo de amigos, porque posições ponderadas não eram bem-vindas. Ou você se identificava como feminista, ou era automaticamente misógina. Quando eu era estudante, o "pecado" a confessar era ser feminista. Agora a transgressão é *não* sê-lo.

Há amplo espaço — uma grande necessidade — para um feminismo autenticamente cristão. Trata-se do "novo feminismo" que João Paulo II pediu: um feminismo que reivindique a dignidade das mulheres e não apenas reproduza os modos masculinos de dominação[1]. Devo avisá-la: ser uma feminista cristã equivale a uma forma de heresia. Você tem de fazer uma escolha. Abraçar a ortodoxia cristã é rejeitar certos dogmas feministas. Aceitar esses dogmas implica trair algumas crenças cristãs. Em momentos diferentes da minha vida, fui uma herege-feminista em ambos os sentidos. Agora, estou fazendo o meu melhor para ser uma filha fiel da Igreja. Se sou feminista, escolho ser uma feminista herege.

---

1 João Paulo II, Carta encíclica *Evangelium vitae*, n. 99.

Dois paradigmas

Há um risco em abraçar o feminismo sem pensar e deixá-lo se tornar uma visão de mundo totalizante, como eu fiz. Há também risco em descartar o feminismo com muita pressa, porque isso equivale a ignorar preocupações realmente sérias. Apesar da conquista do *mainstream* pelo feminismo, meninas e mulheres são constantemente bombardeadas com imagens que as objetificam e as degradam. Os índices de depressão, ansiedade e automutilação estão disparando entre as pré-adolescentes. E esse mesmo grupo demográfico vem decidindo, em números exponenciais, rejeitar completamente a feminilidade e adotar uma identidade masculina. As questões que o feminismo procura abordar ainda são vitais e relevantes, mesmo que as respostas que ele oferece sejam muitas vezes autodestrutivas.

Devemos abordar questões vitais, como a da personalidade, do sexo, da identidade e da liberdade, no plano da cosmovisão. É por isso que, em 2015, eu me senti tão perturbada: comecei a perceber que a teoria de gênero que eu ensinava aos meus alunos estava enraizada, muitas vezes, em uma estrutura subjacente que estava em oposição ao cristianismo. Eu não os ajudara a perceber esse desalinhamento porque eu mesma não o percebia. Tinha me tornado uma flautista de Hamelin: apaixonada e alheia.

Embora o feminismo tenha por vezes sido uma força do bem em minha vida, ele acabou me levando a um lugar em desacordo com o cristianismo, um lugar que chamarei de *paradigma de gênero*. O paradigma de gênero afirma uma visão radicalmente construtivista da realidade, e por isso a reifica como verdade, exigindo que todos acatem sua veracidade e adotem sua linguagem.

De acordo com o paradigma de gênero, não há criador e, portanto, somos livres para criar a nós mesmos. O corpo é um objeto sem significado intrínseco; damos-lhe o significado que quisermos, usando a tecnologia para desfazer o que é percebido como "natural". Não *recebemos* qualquer sentido nem de Deus, nem de nossos corpos, nem do mundo: antes, impomos os sentidos que bem entendemos. O que consideramos "real" é apenas uma construção linguística; logo, devemos usar conscientemente a linguagem para tornar manifesta a realidade escolhida. Ser livre é transgredir continuamente os limites e libertar a vontade. "Mulher" e "homem" são identidades baseadas na linguagem e podem ser habitadas por qualquer pessoa. Como a verdade é apenas uma história que contamos a nós mesmos, todas as histórias contadas por nós mesmos são verdadeiras.

Estou tomando a palavra "paradigma" do filósofo Thomas Kuhn, que usou esse termo para descrever um modelo ou estrutura que interpreta o mundo e os fenômenos que vivenciamos. Kuhn recorreu a ela para analisar a história da ciência. Neste livro, estou analisando a genealogia do gênero, fornecendo um relato de como surgiu seu paradigma e de como ele se compara ao paradigma do catolicismo.

Em meados do século XX, começou a surgir uma forma de categorizar homens e mulheres centrada não no sexo biológico, mas no *gênero*. Para entender como esse paradigma se desenvolveu, é necessário traçar suas raízes no feminismo. O movimento feminista deu origem a muitas coisas: uma delas é a popularização do gênero como conceito, o qual cria uma separação entre a identidade sexuada e a corporalidade. A princípio, essa separação conceitual facilitou discussões mais complexas sobre as influências da cultura sobre a identidade sexuada; desde então, no entanto, a distinção acabou por se ampliar e tornou-se um abismo. A palavra "mulher" não pertence mais à personalidade feminina.

Adentrei o paradigma de gênero pela porta de entrada da teoria feminista. Minha jornada pessoal é uma espécie de microcosmo da jornada histórica, porque nossa cultura adentrou o paradigma de gênero pela mesma porta. O feminismo e a teoria de gênero mantêm fortes laços familiares. Fora um contingente dissidente de feministas "críticas do gênero", o feminismo contemporâneo encontrou um lar confortável para si dentro do paradigma de gênero e até fiscaliza suas fronteiras linguísticas. É um triste paradoxo que um movimento centrado nos direitos das mulheres nos tenha levado a esta curiosa conjuntura em que a própria definição de "mulher" jaz sob acirrada disputa. Como isso aconteceu é uma história estranha, cheia de ironias dramáticas e, em última análise, lamentáveis. O paradigma de gênero é filho do feminismo e se mostrou, como veremos, edipiano.

Cosmos

Eu gostaria de contar uma história.

No princípio havia água, e esta água é de onde nascem os deuses. São dois os seus tipos: o turbulento mar feminino e o dócil rio masculino. Água doce e salgada misturam-se, formando um lago fervilhante de onde os deuses brotaram — todos os tipos de deuses: deuses barulhentos e estridentes, deuses que geraram outros deuses. Um desses deuses surge mais poderoso que os outros, dotado de um espírito inquieto e conquistador. O orbe aquoso de sua origem torna-se pequeno demais para ele, confinante demais, e ele decide se revoltar. Reúne um exército de monstros para lutar contra o mar, sua ancestral, que se lança num frenesi aterrorizante — um turbilhão primordial. Ele vence e a mata. Como alguém que refletiu depois de agir, ele decide fazer uso de seu cadáver e a divide ao meio, estripando-a como um peixe, e de sua carne morta forma a cúpula dos céus e a extensão da terra. Ele também mata seu consorte e, de seu sangue, o deus guerreiro faz uma multidão de pequenos escravos cujo único propósito é servir aos deuses, mantendo-os satisfeitos e bem alimentados.

Este é o enredo do *Enuma Elis*, a história da criação babilônica. A raça dos escravos são os seres humanos; o violento deus-criador é Marduk; e o princípio feminino divino que dá origem ao panteão é Tiamat. Ela não pode ser chamada propriamente de deusa, porque nunca é objeto de adoração. Nunca houve um templo ou culto dedicado a ela, pois a existência humana depende de sua derrota. Ela morre antes que o mundo comece.

Uma harmonia original

O primeiro capítulo do Gênesis, que conta a história bíblica da criação, data da época do exílio babilônico, quando o povo hebreu viu-se disperso, privado de seu templo, vivendo como refugiado entre seus conquistadores. O *Enuma Elis* era a narrativa da criação, a *cosmogênese* dominante da época, e forneceu o pano de fundo contra o qual Gênesis 1 foi escrito. A palavra hebraica *tehom,* normalmente traduzida como "o abismo" sobre o qual o espírito de Deus paira, é um cognato da palavra acadiana *tiamat*. No entanto, à medida que o Gênesis se desenrola, fica claro que as duas cosmologias não poderiam ser mais diferentes.

Na mentalidade antiga, as histórias que tratam de nossa origem são, em última análise, histórias de identidade e propósito. Não podemos entender quem somos e para o que fomos feitos sem entender de onde viemos. Isso ainda é verdade; há uma tendência humana inata a buscar nossas origens para melhor nos entendermos. É por isso que, a fim de habitar plenamente um sentido cristão da realidade, devemos começar do início, com um olhar atento ao Gênesis. E, para entender melhor o Gênesis, devemos ler o Gênesis contra seu "rival" babilônico, o *Enuma Elis*.

Ambas as histórias começam com o caos, mas são caos de tipos diferentes. O caos do *Enuma Elis* é barulhento, violento, impulsionado por conflitos entre vários deuses. O caos do Gênesis é um vazio tranquilo; não há outras divindades, nenhuma sensação de conflito ou violência. Há simplesmente um vazio que Deus veio preencher, um *nada* que Deus substituirá por *algo*.

Marduk, o deus-criador babilônico, tem sua própria história de origem. Ele é produto de dois seres divinos, os progenitores dos deuses, ambos mortos quando Marduk cria o cosmos. O Deus de Gênesis não tem pais, não vem a ser. Essa ausência de origem atesta sua presença eterna. Ele não é *um* ser, como Marduk, mas o próprio Ser, o fundamento infinito de toda existência finita. Não tem nada a provar, nada a conquistar, nenhuma necessidade de estabelecer domínio. A unidade e a soberania de Deus se opõem notavelmente às multidões de deuses em guerra no *Enuma Elis*.

Como não há necessidade de explicar a existência de Deus ou sua ascensão ao poder, Gênesis 1 vai direto ao acontecimento principal: a criação. No *Enuma Elis*, o ato de criação é secundário em relação ao ato destrutivo. A criação do mundo soa quase como um epílogo, enterrado no trecho final do texto. Em Gênesis, a criação é o ponto focal. A criação não consiste num deus "refletindo depois de agir", no impulso repentino de um deus cuja sede de sangue foi saciada. A criação, no Gênesis, é intencional e ordenada — uma luz se acendendo na escuridão. Deus não cria por meio da violência e da morte, através da linguagem; Ele traz o mundo ao ser pela fala. Este Verbo divino é o motor da criação, e é este Verbo que se encarnará em Cristo.

Não há guerra em Gênesis 1, apenas uma tensão produtiva entre ausência e presença, entre algo e nada. O conflito e a violência não são endêmicos nessa realidade; só entrarão em cena mais tarde. A criação se desdobra como um todo integral e interconectado: um cosmos. Cada estágio desse desdobramento, cada camada inserida, Deus declara *bom*. Há uma sutil sensação de aceleração à medida que a narrativa se constrói, com a criação crescendo em beleza e complexidade a cada etapa e atingindo o ápice com a criação dos seres humanos. Esses seres não carregam a culpa do sangue de um deus caído; carregam, antes, a imagem de seu Criador.

Não foram feitos para serem escravos; sua tarefa consiste em cuidar da terra e preenchê-la com vida. A cosmologia do Gênesis confere aos seres humanos um tipo exclusivo de dignidade, uma dignidade enraizada em seus papéis como portadores de uma imagem. Além disso, o Gênesis reconhece a dualidade da humanidade: o masculino e o feminino; essa diferença faz parte da bondade da criação, e ambos os sexos compartilham plenamente da imagem divina e da missão de cuidar da terra. Aqui não há sentido de hierarquia *entre* masculino e feminino, mas sim uma governança compartilhada e benevolente sobre o resto da criação.

O *Enuma Elis* não tem nada a dizer especificamente sobre as mulheres. O texto não considera a dualidade sexual dos seres humanos como algo digno de nota. Convém observar que o conflito narrativo central no *Enuma Elis* é a guerra entre Marduk e Tiamat: um deus masculino e sua ancestral, um poder feminino que deve ser subjugado violentamente antes que a criação possa ocorrer. Essa vitória de um gênero sobre outro está totalmente ausente em Gênesis 1. Entre homem e mulher não há guerra, mas apenas uma dignidade comum e uma responsabilidade conjunta.

Quando refletimos sobre o primeiro capítulo do Gênesis tendo como pano de fundo o *Enuma Elis*, as distintas ênfases do primeiro livro bíblico se põem em nítido relevo. A realidade que habitamos é uma ordem divinamente criada, um cosmos harmonioso. Esta ordem é *boa*, intencional e pacientemente chamada à existência por um Criador incriado. Os seres humanos, homens e mulheres, são dotados de uma dignidade única, marcada pela imagem de seu Criador, e foram incumbidos do sagrado trabalho de cultivar a vida. A diferença sexual não é uma característica estranha ou defeituosa do cosmos, mas uma parte essencial de sua perfeição.

Os capítulos seguintes do Gênesis ampliam ainda mais essa elevação da diferença sexual. Na verdade, existem duas cosmologias no Gênesis. O primeiro capítulo descreve a criação a partir de um ponto de vista transcendente, sob o ponto de vista de Deus, como se o narrador estivesse suspenso acima do universo, observando de longe o surgimento de todas as coisas. O segundo capítulo chega mais perto. O narrador nos leva ao terreno do Éden, a um paraíso terrestre situado na cabeceira de quatro rios. Deus é retratado em termos corporais, andando e conversando com os primeiros humanos num jardim exuberante. Se a primeira cosmologia enfatiza a transcendência de Deus, a segunda nos mostra sua intimidade. Esses dois relatos, tomados em conjunto, revelam que o Deus transcendente de Gênesis 1 é também um Deus profundamente pessoal, que deseja comunhão com suas criaturas. As duas cosmologias são claramente distintas, mas também complementares e não contraditórias; descrevem o mesmo acontecimento a partir de dois ângulos, revelando assim um pouco mais do mistério último de Deus e os traços primordiais de nossa gênese.

Lembre-se: as cosmologias antigas não devem ser lidas como história ou ciência literal. Isso seria impor uma mentalidade moderna a textos pré-modernos e obscurecer as verdades que as histórias procuram revelar. Os relatos da criação não fornecem verdades científicas sobre as origens materiais, mas revelam verdades mais profundas: verdades que dizem respeito à *identidade* — a quem é Deus e quem somos nós — e ao *propósito,* os fins para os quais fomos feitos. Ler as narrativas da criação no Gênesis à procura de conhecimento científico, como fui ensinada a fazer, fará com que os dois relatos pareçam contraditórios, forçando o leitor a fazer uma ginástica mental para reconciliá-los ou levando-o a rejeitá-los como falsos. Se esses textos são lidos como poesia e alegoria divinamente reveladas — como um *verdadeiro mito* —, temos uma imagem mais completa de Deus, da realidade e da pessoa humana.

O segundo relato da criação corta quase imediatamente para a criação do primeiro ser humano. Deus forma o humano (o *ādām*) do húmus do solo e sopra em seu corpo, animando-o com o hálito divino da vida.

Essa imagem revela uma verdade importante sobre nossa natureza: somos terra e respiração, matéria e espírito. Somos criaturas físicas; nossos corpos são parte integrante de quem somos. No entanto, não somos *apenas* matéria, porque o sopro de Deus anima cada um de nós com uma alma imaterial. Este é um dos princípios fundamentais da antropologia cristã: todo ser humano é uma unidade de corpo e alma[1].

Então algo inesperado acontece. Deus olha para sua criação e, em vez de repetir o refrão de Gênesis 1, afirma, pela primeira vez, palavras opostas: *não é bom* que esse ser humano seja solitário e único. O ser humano precisa de uma contraparte, um companheiro. Assim começa uma das minhas passagens favoritas: o desfile dos animais. Deus se dedica a moldar e modelar todos os tipos de criaturas, apresentando cada uma diante do homem para "ver como ele as chamaria"[2]. Há algo de cômico nesta imagem: lá vem Deus com um macaco, uma ovelha, um esquilo, um papagaio; o *ādām* o analisa, balança a cabeça, dá-lhe um nome, e o bizarro concurso continua, como se Deus e o *ādām* estivessem jogando um prolongado jogo da memória sem jamais achar uma dupla de cartas que combinem.

Por fim, Deus volta para a prancheta. É hora de uma nova abordagem. Ele põe aquele humano em sono profundo e, de uma das costelas do *ādām*, forma a primeira mulher e lha apresenta. João Paulo II interpreta este sono como um sono do não ser — Deus tira inteiramente o primeiro humano da existência e traz à existência dois novos seres: o homem e

---

1 Para um relato conciso da antropologia cristã, cf. o *Catecismo da Igreja Católica*, nn. 362-68 (doravante citado como *CIC*).
2 Gn 2, 19.

a mulher³. Ele substitui a humanidade solitária e assexuada por uma humanidade que se diferencia em dois modos de ser humano.

O *ādām,* que agora pode verdadeiramente ser chamado de *homem,* exclama com admiração, ao ver pela primeira vez a mulher: "Finalmente!" Note o prazer e o alívio que há nessa palavra: "Finalmente!" Ele de cara reconhece, na declaração silenciosa do corpo dela, que ela é igual a ele — mais parecida com ele do que qualquer outra criatura terrena — e também diferente. Sua diferença é complementar, mas assimétrica; não se trata de uma imagem espelhada ou oposta. Ela se assemelha a ele em sua humanidade compartilhada — "osso dos meus ossos e carne da minha carne" —, mas difere na forma feminina de sua humanidade. Gênesis afirma o equilíbrio entre igualdade e diferença entre os sexos. Este é um equilíbrio delicado, cuja manutenção é difícil, mas necessária. A maioria das teorias de gênero perde esse equilíbrio, desviando-se para os extremos da uniformidade (homens e mulheres são intercambiáveis) ou da polaridade (homens são de Marte, mulheres são de Vênus). Ambos os extremos desperdiçam a fecunda tensão expressa em Gênesis.

O ato de abertura desta segunda cosmologia pode ser lido como uma história da origem da própria diferença sexual, na qual se proclama que nossas identidades como homens e mulheres *importam*, possuem um significado sagrado e ocupam um lugar de destaque nessa cosmovisão. Para fornecer outro exemplo contrastante do mundo antigo, o *Timeu* de Platão (uma cosmologia filosófica) só menciona as mulheres no final de uma extensa excursão pelo cosmos. Quando o *Timeu* as menciona, fica claro que tudo o que foi dito

---

3   João Paulo II, "A unidade original do homem e da mulher", Audiência geral de 7 de novembro de 1979.

anteriormente no texto sobre os seres humanos se aplica apenas aos homens, pois não há mulheres na primeira geração da humanidade. Segundo o *Timeu,* os homens que levam vidas covardes e injustas renascem como mulheres ou outros tipos de animais. A diferença sexual, então, não é uma característica proposital do cosmos de Platão, mas um defeito, uma falha. Para Platão, toda diferença deve ser classificada hierarquicamente; se homens e mulheres são diferentes, um sexo deve estar mais próximo do divino do que o outro. Todos os diálogos de Platão, de fato, privilegiam os laços entre os homens, no que é uma característica comum a muitos textos antigos: pense em Gilgamesh e Enkidu, Aquiles e Pátroclo, bem como no relato de Aristóteles sobre a amizade masculina entre semelhantes.

Gênesis, por sua vez, destaca de maneira única a importância da relação homem-mulher, e esta não é uma relação de dominação, mas de reciprocidade. Não há hierarquia de valor, nem dinâmica de superioridade e inferioridade. A diferenciação sexual não é um acidente, mas motivo de celebração e admiração. Essa diferença é *boa,* nossos corpos são *bons,* e ambos são parte integrante da ordem criada, que é *boa.* O surgimento do homem e da mulher a partir do sono do não ser não constitui uma nota de rodapé em nossa história de origem: trata-se de sua culminação extática.

Se cavarmos ainda mais fundo, há mais a encontrar. Gênesis 2 enfatiza outro princípio vital: *o corpo revela a pessoa.* Nossos corpos são a realidade visível por meio da qual manifestamos nossa vida interior oculta. A existência de cada um é totalmente irrepetível, e nossa personalidade única só pode ser conhecida pelos outros por meio da estrutura de nossa encarnação. Essa sacramentalidade se manifesta no reconhecimento imediato da mulher pelo homem. Eles ainda não se falaram; ela não se apresentou verbalmente. Seu *corpo* fala a verdade de sua identidade, e esta verdade é imediatamente reconhecida pelo homem, que é tomado de alegria e admiração ao receber a revelação de uma pessoa com quem ele pode — *finalmente!* — ter uma comunhão verdadeira. Nossos corpos, portanto, cumprem uma função sacramental, revelando e comunicando uma realidade espiritual. Para usar as palavras de João Paulo, "o corpo, de fato, e somente o corpo, é capaz de tornar visível o invisível: o espiritual e o divino. Ele foi criado para transferir para a realidade visível do mundo o mistério oculto em Deus desde a eternidade e, assim, ser um sinal deste mistério"[4].

Não é bom para o homem ficar sozinho. Essa lacuna na ordem criada é corrigida não pela formação de seres humanos mais genéricos ou pelo vínculo masculino, mas pela diferenciação sexual. A diferença sexual é um tipo particular de diferença porque foi realizada propositadamente para manifestar a distinção entre um ser e outro. Não estamos falando de diferenças superficiais, como o cabelo ou a cor dos olhos. Estamos falando de um corpo projetado para se encaixar em outro tipo de corpo de uma maneira totalmente única. A masculinidade aponta para a feminilidade e vice-versa. Nosso corpo sexuado sinaliza nossa capacidade e necessidade inerentes de comunhão interpessoal.

Existe toda uma sorte de diferenças entre os seres humanos: de tamanho, temperamento, dons, compleição. Essas diferenças podem ajudar a criar relacionamentos e comunidades frutíferas e vibrantes. Só a diferença sexual, no entanto, é capaz de trazer à existência outro ser humano. A união de uma só carne entre homem e mulher não é exclusiva, introvertida e fechada para os demais. Pelo contrário: é expansiva e aberta, porque apenas esta união tem o potencial de criar uma nova vida. Comunhão e procriação:

---

4   João Paulo II, *Homem e Mulher o criou — Catequeses sobre o Amor Humano.*

este é o duplo potencial reconhecido e celebrado no texto do Gênesis pela exclamação admirada do homem.

Nossos corpos proclamam simultaneamente nossa personalidade individual e nossa capacidade de nos relacionarmos. João Paulo II, na sua interpretação do Gênesis, refere-se a isso como o "sentido esponsal do corpo"[5]. Não se trata de uma realidade meramente biológica: antes, ela inclui a capacidade de procriar e vai além dela. O sentido esponsal pleno do corpo, declarado externamente por nossas características sexuais visíveis, é o poder de expressar amor, de se entregar totalmente em amor ao outro. Este é o verdadeiro *telos* ou propósito do ser humano: tornar-se *dom recíproco,* dar amor e recebê-lo. Em nossa condição original, esse dom de si é inteiramente livre; não é impedido ou distorcido pelo egoísmo ou pela dominação. Eis por que, no início, o homem e a mulher podem ficar nus um diante do outro sem vergonha. Isso revela sua liberdade interior, seu amor recíproco e livre de corrupção.

Antes de deixarmos para trás essa discussão sobre o homem e a mulher em sua condição original (*spoiler*: tudo isso logo irá por água abaixo), quero fazer uma observação final sobre a linguagem. Ambas as cosmologias do Gênesis descrevem certa relação entre a linguagem e a realidade. No primeiro relato, Deus usa a linguagem para criar o cosmos *ex nihilo*: Ele cria ordem e ser do nada. No segundo relato, o homem usa a linguagem para nomear o que Deus cria. A fala divina faz a realidade; a fala humana identifica a realidade.

No desfile dos animais, o ato humano de nomear não acrescenta sentido, mas reconhece um sentido que existe objetivamente. Deus cria o animal e o apresenta ao homem, que discerne sua natureza distinta e dá um nome que proclama

---

[5] João Paulo II, *Homem e mulher...*, p. 189.

essa natureza. Essa dinâmica é mais óbvia na nomeação da mulher. O homem reconhece que a mulher compartilha de sua natureza, mas em uma modalidade distinta da sua. Ela é ao mesmo tempo igual a ele e diferente dele. O homem escolhe uma palavra que corresponde a essa dupla realidade: *ishshah* ("mulher"), termo que inclui *ish* ("homem") enquanto lhe acrescenta algo novo. Esses termos, homem e mulher, aparecem pela primeira vez no texto durante o clímax desse encontro. Antes deste momento, o homem é chamado de *ādām*. Aquele, então, é um momento de reconhecimento *mútuo;* o homem está nomeando a mulher e renomeando a si mesmo; é por meio do encontro com a natureza dela que ele é capaz de compreender verdadeiramente a sua natureza. Ao longo deste relato, o ato de nomear é descrito como uma resposta linguística ao que está sendo nomeado. A realidade, então, existe antes da nomeação, e nossa linguagem é verdadeira e significativa quando corresponde ao que existe.

A compreensão da linguagem retratada em Gênesis contrasta fortemente com a visão que domina os debates contemporâneos sobre gênero. A maioria das teorias de gênero sustenta que o que pensamos como "realidade" é uma construção linguística e social. Segundo essa teoria, nosso uso das palavras "mulher" e "homem" cria a ilusão de que o sexo é um sistema binário. Discutiremos essa perspectiva com mais detalhes nos próximos capítulos. Por enquanto, quero apenas salientar que a visão da linguagem como construção social é uma inversão completa da visão descrita em Gênesis — a da linguagem como correspondência/reconhecimento. Nesta história divinamente revelada sobre nossa origem, a linguagem não acrescenta sentido às coisas; o sentido existe intrinsecamente nas coisas criadas por Deus. Além disso, esse sentido é inteligível para nós, e a linguagem, marca da imagem de Deus em nós, permite que os seres humanos proclamem esse sentido inerente aos seres criados.

Até agora, a cosmologia do Gênesis nos deu uma imagem vívida da humanidade em sua condição original. Somos parte de uma ordem criada, um todo em harmonia, criado e mantido por um Criador amoroso. Somos unidades de corpo e espírito; os nossos corpos são parte integrante da nossa identidade, nos ligam à ordem criada e servem de ponte entre o nosso ser interior e o mundo exterior. Também são sinal sacramental do mistério oculto de Deus. Tanto o homem quanto a mulher são feitos à imagem divina, e a diferenciação sexual é parte da perfeição da ordem criada, sinalizando que fomos feitos para o amor recíproco. Foi-nos concedida uma participação no poder divino da linguagem: podemos criar palavras que revelam a verdade sobre nós mesmos e nosso mundo.

Harmonia, ordem, comunhão: estas são as principais características do nosso estado antes da queda. Mas aqui chegamos a um divisor de águas nesta narrativa; a relação equilibrada entre homem e mulher está prestes a sofrer uma transformação radical. Há uma clara ruptura entre a natureza humana na sua condição original e a natureza humana corrompida pelo pecado. Gênesis aborda as duas dimensões de nossa origem e identidade: quem fomos criados para ser e quem, infelizmente, acabamos por nos tornar.

O cisma original

As melhores mentiras não são as falsidades descaradas, mas as distorções mais sutis da verdade. As tentações mais eficazes são aquelas que se apoderam do desejo genuíno de algo bom e desviam esse desejo em direção a um bem falso ou menor. Assim aconteceu com a mulher e a serpente. "Vocês serão como Deus", promete ela. Essas palavras a afastam do reconhecimento de que ela já é, em certo sentido, como Deus: ela é uma imagem viva de Deus no mundo visível. As palavras da serpente, como escreve João Paulo II, fazem brotar no coração humano a dúvida, a dúvida sobre a "perfeição do dom": o dom da criação, o dom dos nossos corpos, o dom da graça divina que nos eleva de um estado puramente natural a uma dinâmica de comunhão com Deus[6].

Às vezes esse momento é descrito como o momento em que "o pecado entrou no mundo". Esta formulação faz o pecado soar como uma substância, como uma espécie de carvão metafísico que encobre e mancha a alma. Mas o pecado não é *algo*; é um *nada*, uma ausência. É por isso que este momento é conhecido como Queda. Atanásio, padre influente e bispo da Igreja primitiva, fornece uma interpretação da Queda em seu tratado *Sobre a encarnação*. Ele escreve que os seres humanos são feitos de matéria e, portanto, somos finitos e propensos a doenças, decadência e morte. Esse é o nosso estado natural. Porque Deus teve misericórdia de nós e desejou que participássemos de sua vida eterna, Ele nos concedeu, no início, "um dom ulterior", uma "participação no poder de sua própria Palavra", para que possamos "permanecer na bem-aventurança"[7]. O estado original do homem e da mulher descrito no Gênesis, então, é supranatural; eles foram alçados de seu estado mortal por um dom da graça divina. Quando os primeiros humanos quebraram a fé em Deus, essa graça foi perdida e a humanidade "caiu" na mortalidade, tornando-se sujeita à morte. A queda não é um mergulho de nosso estado natural num estado mais corrupto e antinatural: trata-se, antes, de uma queda do que o Catecismo chama de "graça da santidade original", uma reversão à nossa condição de mortalidade[8].

---

6 João Paulo II, *Homem e mulher...*, 236.
7 Santo Atanásio, *On the Incarnation*, St Vladimir's Seminary Press, Yonkers, 2011, p. 52.
8 CIC, 399.

Alguns intérpretes, dos quais o mais famoso talvez seja o Milton de *Paraíso perdido*, deram grande importância ao fato de que a serpente tenta a mulher, usando isso como justificativa para retratar as mulheres como fracas e moralmente comprometidas — como portas de entrada para o pecado. Mas a interpretação católica exige uma visão abrangente, lendo esta história à luz do arco da história da salvação. Nessa perspectiva, pode-se ver uma semelhança entre a narrativa da Queda e da Anunciação, quando Maria é abordada por um mensageiro divino. Desde os primeiros Padres da Igreja, os intérpretes católicos reconheceram esse paralelo entre Eva e Maria. A filósofa-santa Edith Stein coloca a questão desta forma: "Assim como uma mulher foi a primeira a ser tentada, a mensagem da graça de Deus chegou primeiro a uma mulher, e em ambas as ocasiões foi o consentimento da mulher que determinou o destino da humanidade como um todo"[9]. A tentação da mulher não indica sua fraqueza, mas sua influência: o consentimento da mulher tem o poder de moldar e remodelar a humanidade.

A primeira consequência do ato de comer o fruto proibido é a súbita consciência da nudez e o impulso de se esconderem um do outro. Isso remonta ao versículo final do relato da segunda criação: "O homem e sua esposa estavam nus e não se envergonhavam". Mas agora algo se estragou, algo deu errado. Seus corpos nus, outrora fonte de admiração e alegria, provocam desconforto e vergonha. O homem e a mulher não só se escondem um do outro; eles também se escondem da presença de Deus. O conflito rompeu a harmonia original; a vergonha corrompeu a intimidade primeva. A doação de si tornou-se ocultação de si.

Em seus escritos sobre a teologia do corpo, João Paulo II destaca as muitas camadas de sentido contidas neste

---

9 Edith Stein, *Essays on Woman*, ICS Publications, Washington, DC, 1987, p. 63.

momento. O súbito impulso de se esconder contrasta fortemente com a livre e plena participação do homem na "visibilidade do mundo" descrita anteriormente no texto[10]. O homem e a mulher agora procuram esconder seus corpos sexualmente diferenciados, obscurecendo o simbolismo sacramental expresso por essa diferença. Segundo João Paulo II, este momento constitui "o colapso da aceitação original do corpo como signo da pessoa no mundo visível"[11]. Perdemos de vista a verdade de que ver um *corpo* é ver uma *pessoa*, uma pessoa feita à imagem de Deus. Além disso, o homem e a mulher deixaram de enxergar a imagem de Deus também em *si mesmos*, não apenas no outro. A vergonha é um desapego, um "afastamento do amor"[12]. A união original do homem e da mulher, sua "serena comunidade de amor", teve fim[13].

Esta ruptura exterior na relação entre homem e mulher indica uma ruptura interior no próprio ser da pessoa humana. O pecado fraturou o convite à unidade entre os sexos e também criou uma fissura na unidade espiritual-somática do indivíduo. Há agora uma guerra interior que ameaça a totalidade da pessoa. O corpo torna-se um "viveiro de resistência contra o espírito"; não mais se faz sentir como parte integrante do eu, mas como algo que deve ser domado e controlado[14]. Este estado de desarmonia interior é a *concupiscência,* a qual traz "dificuldade em identificar-se com o próprio corpo" — e também, eu diria, em reconhecer a personalidade sagrada dos corpos alheios[15]. A concupiscência despersonaliza a pessoa humana, tornando-a objeto para o outro e objeto para si mesma.

---

10 João Paulo II, *Homem e Mulher*.
11 *Idem*.
12 João Paulo II, *Homem e Mulher*, 249.
13 Stein, *Essays on Women*, p. 61.
14 João Paulo II, *Homem e Mulher*, 244.
15 João Paulo II, *Homem e Mulher*, 249.

O corpo em particular é objetificado, tornando-se um "terreno de apropriação"[16].

Quando Deus interpela o homem e a mulher a respeito do que fizeram, a reação deles consiste em mudar de assunto, jogar a culpa para o outro, distorcer sutilmente a verdade — exatamente como a serpente. A própria linguagem fora pervertida; as palavras agora estão sendo usadas para ofuscar e manipular a realidade, em vez de revelar a verdade. No original hebraico, a resposta do homem à pergunta de Deus apresenta uma curiosa duplicação do verbo: *a mulher que me deste deu-me o fruto e eu comi*. Essa duplicação enfatiza a noção de *dom* e sutilmente rejeita a dádiva que era a mulher, uma dádiva que o homem havia celebrado de todo o coração e com alegria apenas alguns versículos antes. Sua resposta a Deus lança dúvidas sobre o valor dos dons divinos — particularmente, do dom da mulher — assim como a aquiescência da mulher à serpente reflete certa desconfiança no valor original de sua própria natureza.

Enquanto os intérpretes misóginos preferem insistir no papel da mulher na Queda, o texto sagrado resiste a essa leitura, enfatizando repetidamente a condição comum do homem e da mulher. No princípio, *ambos* são criados à imagem de Deus; *ambos* recebem o domínio sobre a terra e a missão de torná-la frutífera; *ambos* estão nus e carecem de vergonha. Na narrativa da Queda, *ambos* estão presentes para ouvir as palavras do tentador; *ambos* pegam e comem o fruto; *ambos* experimentam a consciência repentina e vergonhosa da nudez; *ambos* se escondem um do outro e de Deus; *ambos* distorcem a verdade, culpando o outro; *ambos* sofrem as consequências do pecado. O texto nunca pinta um dos sexos como o vilão ou a vítima.

---

16 João Paulo II, *Homem e Mulher*, 260.

Em meio a tanto espelhamento, existem assimetrias significativas. A bondade original e o mal subsequente são totalmente compartilhados, mas as consequências são diferentes para cada sexo. À mulher, Deus diz: "O teu desejo será para o teu marido, e ele te dominará". A resposta do homem ao desejo da mulher é dominá-la, o que "faz do ser humano um objeto"[17]. A dinâmica da comunhão é substituída pela dinâmica da posse; o amor mútuo entre as pessoas torna-se uma troca utilitária entre pessoa e objeto. A descrição de Edith Stein dessa nova ordem é bastante contundente: "A relação dos sexos desde a Queda tornou-se uma relação brutal de senhor e escravo. [...] O homem usa a mulher como meio de alcançar seus objetivos, seja para realizar algum trabalho, seja para apaziguar sua luxúria"[18]. João Paulo II escreve que "a relação de dádiva se transforma numa relação de apropriação", e se esta apropriação é mútua e não totalmente unilateral, isso se dá "às custas mais da mulher" [19]. Para João Paulo, ao homem cabe uma responsabilidade especial como "guardião da reciprocidade do dom"[20]. A manutenção do equilíbrio do dom é confiada a ambos os sexos, mas a manutenção ou violação do equilíbrio depende mais do homem.

Quero ressaltar que a dinâmica de dominação não é a intenção de Deus para homens e mulheres, mas uma distorção causada pelo pecado. Enquanto a serpente e a terra são explicitamente amaldiçoadas, o homem e a mulher não o são. As palavras de Deus aqui são uma predição, uma descrição das consequências que se desdobrarão como resultado da perda da graça da santidade original. A natureza humana agora está marcada pela concupiscência, pelo conflito

---

17 João Paulo II, *Homem e Mulher*, 252.
18 Stein, *Essays on Women*, p. 71.
19 João Paulo II, *Homem e Mulher*, 260-61.
20 João Paulo II, *Homem e Mulher*, 260-61.

interior entre corpo e espírito. O entendimento protestante considera a própria concupiscência pecaminosa, e a natureza humana após a queda, algo totalmente depravado. A visão católica é mais otimista: nossa natureza está *ferida,* não completamente corrompida. O coração humano é um "campo de batalha entre o amor e a concupiscência", mas a batalha ainda não está perdida[21].

A redenção do dom

No Evangelho de Mateus, quando Jesus é questionado pelos fariseus sobre o divórcio — se é permitido ou não —, Ele cita o Gênesis, a ordem original da criação: "Não lestes que o Criador, no começo, fez o homem e a mulher e disse: Por isso, o homem deixará seu pai e sua mãe e se unirá à sua mulher; e os dois formarão uma só carne? Assim, já não são dois, mas uma só carne"[22]. Os fariseus rapidamente contestam que a lei mosaica admitia o divórcio, permitindo que os homens "repudiassem" suas esposas por qualquer motivo. Cristo traça uma nítida distinção entre esta lei, que é parte da ordem corrompida pelo pecado, e a intenção original de Deus para homens e mulheres. Na ordem caída, o pecado endureceu os corações de homens e mulheres uns para com os outros, mas, para usar as palavras de Cristo, "no começo não foi assim".

O retorno de Cristo ao Gênesis é um movimento significativo. Confrontado com questões sobre como homens e mulheres devem se relacionar, Ele não apela para a lei, mas apela para a *cosmologia,* para as narrativas sagradas do Gênesis que dão conta de nossa identidade e propósito como seres humanos. Gênesis fala uma verdade que ainda é válida

---

21 João Paulo II, *Homem e Mulher,* 260-61.
22 Mt 19, 4-6.

a respeito dos homens e mulheres, de quem fomos criados para ser. A Encarnação de Cristo, sua vinda ao mundo, inaugura uma nova ordem, a ordem da graça e da redenção, que busca restaurar o que foi maculado pelo pecado. Cristo não nos orienta a estruturar nossos relacionamentos de acordo com nossa "dureza de coração"[23]. Antes, volta nossos olhos para o Gênesis e nos exorta, com a ajuda divina, a recuperar a bondade da ordem criada, o dom de nossos corpos e da terra, a cultivar novamente uma dinâmica de reciprocidade entre os sexos.

Edith Stein, em seus escritos sobre os homens e as mulheres, baseia-se em Gênesis e nos Evangelhos para argumentar que "o Senhor declarou claramente que o novo reino de Deus traria uma nova ordem de relacionamento entre os sexos, ou seja, poria fim aos relacionamentos causados pela Queda e restauraria a ordem original"[24]. A Sagrada Escritura, tomada em seu conjunto, destaca três estados de identidade e relação entre os sexos. Existe a ordem original, descrita nos dois primeiros capítulos de Gênesis. Nessa ordem, a diferenciação sexual é compreendida e vivenciada como *dom*, como fonte de fecundidade e amor. Há um equilíbrio dinâmico entre semelhança e diferença, e o homem e a mulher têm a missão compartilhada — uma missão comum — de gerar vida e governar a terra. Uma vez que o homem e a mulher rompem sua lealdade para com Deus, uma fratura se abre por toda a criação — através do centro da pessoa humana, através do vínculo entre o homem e a mulher, através da conexão entre a humanidade e a terra. Nessa ordem decaída, a pessoa humana está agora em guerra consigo mesma, e esse conflito interno irrompe para fora, empurrando o equilíbrio entre os sexos para um pêndulo oscilante

---

23 Mt 19, 8.
24 Stein, *Essays on Women*, p. 63.

de conflito e dominação. A diferença, não mais reconhecida como dom, é entendida como oposição. A ordem final e redentora procura sanar essa oposição. Esta ordem começa com o consentimento de Maria em se tornar a Mãe do Deus Encarnado. Ela é a nova Eva. Seu *sim* a Deus desata o nó do *não* de Eva. A ordem redentora remonta ao início a fim de restaurar a justiça original da criação mediante o motor da graça. A graça tem o poder de curar nossa natureza ferida, de suavizar a dureza de nossos corações e de restaurar as alianças quebradas entre Deus e a humanidade e entre a mulher e o homem.

* * *

Vivemos agora como exilados, como gente expulsa do Éden para o deserto. Nesse deserto, há uma contínua "luta entre os sexos, um contra o outro, enquanto lutam por seus direitos; e, ao fazê-lo, não parecem mais ouvir as vozes da natureza e de Deus"[25]. Nascemos nesta ordem caída, mas o reino da redenção permanece aberto para nós e nos chama. O feminismo reconhece corretamente que algo está errado, que a relação entre homens e mulheres tem sido muitas vezes caracterizada pela dominação. No entanto, cegas para a dimensão da graça, suas teorias oferecem soluções que são capturadas pelas forças decaídas do conflito, numa contínua busca de poder sobre os outros.

A abordagem cristã é aquela que procura mover-se do deserto do pecado para o reino da graça, permanecendo sempre atento à voz da natureza e à voz de Deus. Isso significa levar o Gênesis a sério, considerando-o como "mito verdadeiro", como uma cosmologia divinamente revelada que descreve nossa origem, oferecendo um relato duradouro

---

25 Stein, *Essays on Women*, p. 76.

de nossa identidade e propósito enquanto seres humanos, mulheres e homens. Dentro desta ordem redentora, podemos recuperar nosso maravilhamento. Podemos reconhecer novamente a abundância da *dádiva* — a dádiva de nossos corpos, a dádiva de nossa humanidade compartilhada e a dádiva das diferenças entre os sexos.

Ondas

No outono de 2016, ofereci meu último curso de teoria de gênero. Depois do meu doloroso despertar no ano anterior, vinha lecionando de forma diferente. Em vez de montar uma lista de leituras dentro do cânone da teoria feminista e de gênero, estruturei a disciplina como uma investigação de dois paradigmas: o paradigma cristão e o paradigma de gênero. Designei filósofas cristãs de gênero, como Elizabeth Fox-Genovese, Prudence Allen e Gertrud von le Fort, escritoras que *nunca* apareceriam em uma lista de leitura de estudos assim. Para representar a perspectiva feminista, escolhi figuras de grande influência, como Simone de Beauvoir e Judith Butler, cujas ideias continuam a impulsionar a teoria feminista e de gênero hoje. Tentei fazer com que minhas alunas observassem o paradigma de gênero desde fora — em vez de entrar nele cegamente —, a fim de poder enxergar suas premissas fundamentais.

Na teoria, isso soa muito bem. Na prática, as coisas estavam um pouco confusas. A classe era uma mistura de ideólogas fervorosas que já haviam fugido do cristianismo e se refugiado nos confins da teoria de gênero; um centro de moderadas, que estavam tentando habitar tanto o cristianismo quanto o feminismo; e uma ou duas cristãs devotas que queriam entender o motivo de toda aquela confusão. A parcela radical foi, de longe, a mais assertiva, e a maioria das aulas se transformou em disputas socráticas, enquanto eu tentava esclarecer seus pressupostos e provocar contradições sutis.

Isso se mostrou difícil. Aquelas alunas não estavam interessadas em seguir uma linha argumentativa. Em vez disso, habilmente mudavam o ponto da discussão para outro, esquivando-se e fugindo de quaisquer perguntas de sondagem. Certa vez, durante uma discussão sobre aborto, perguntei à turma se o aborto acaba ou não com a vida de um ser humano. A parcela radical se esquivou totalmente da questão, indo imediatamente para a ofensiva e alegando que cristãos não tinham o direito de fazer juízos morais sobre o aborto por causa da cumplicidade histórica do cristianismo na guerra e na violência. Embora essa alegação certamente mereça ser debatida, ela não se insere na discussão que estávamos desenvolvendo. Esse era um movimento típico nessas aulas, e eu jamais poderia dizer se se tratava de uma estratégia intencional ou se aquelas alunas eram realmente incapazes de seguir e avaliar uma única linha de raciocínio. De qualquer forma, minha tentativa de desempenhar o papel de um Sócrates plácido e nobre, empurrando gentilmente seus ansiosos alunos para a verdade, era sempre atrapalhada. A realidade parecia muito mais exasperante — era como debater-se em um lago escuro, tentando pegar uma enguia com as próprias mãos.

No entanto, houve alguns momentos "Eureca!" ao longo do semestre — momentos em que um chute bem dado acertava o gol e eu podia ver um lampejo de percepção nos olhos das minhas alunas. Um deles ocorreu durante uma discussão sobre o feminismo cristão. Perguntei às alunas quantas delas se identificavam como feministas cristãs. Mais da metade da turma respondeu afirmativamente. Pedi então a essas estudantes que definissem o feminismo cristão. Uma por uma, elas foram oferecendo uma iteração da ideia de que homens e mulheres são iguais, com algumas adicionando a ela uma camada de opressão patriarcal. "Interessante", eu disse quando terminaram. "Nenhuma de vocês mencionou Cristo". As alunas trocaram sorrisos culpados. Eles reconheceram, naquele instante, que não havia nada particularmente *cristão* em suas definições de feminismo. Isso confirmou minha hipótese de trabalho, a suspeita em torno da qual eu tinha estruturado o curso: o cristianismo e o feminismo contemporâneo operam a partir de pressupostos fundamentais diferentes sobre a realidade, e a maioria das versões do feminismo cristão tem suas raízes na cosmovisão feminista, e não na cristã. O chamado "feminismo cristão" é, muitas vezes, feminismo secular com um leve esmalte de Jesus no topo, um enfeite bíblico escolhido a dedo.

Feminismo: uma visão panorâmica

O capítulo anterior explorou o dossel do paradigma cristão, tal qual revelado na história de nossa origem. Agora, gostaria de começar a exploração do paradigma de gênero pela descrição de seu progenitor: o feminismo do século XX. Como observado no capítulo de abertura, o paradigma de gênero é a prole edipiana do feminismo — *prole* porque foi por meio da teoria feminista que o conceito de gênero tomou conta de nossa imaginação cultural; e *edipiano* porque, como o assassinato de seu próprio pai cometido por Édipo, este conceito corroeu os próprios fundamentos do feminismo, transformando a "mulher" numa identidade que pode ser livremente apropriada pelos homens, independentemente da realidade material.

Antes de começarmos, preciso fazer uma concessão. Neste momento, todos os leitores que têm alguma familiaridade com a teoria e a história feministas estão, sem dúvida, sentados ceticamente, de braços cruzados, imaginando como vou fazer isso — como vou dar conta do "feminismo", como se houvesse um movimento coerente a ser descrito.

Esta é uma crítica justa, pois é mais correto falar de *feminismos* no plural do que de um *feminismo* monolítico. Existem variações quase infinitas, numa infinidade de campos diferentes: feminismo liberal, feminismo marxista, feminismo psicanalítico, feminismo pós-estruturalista, feminismo francês, feminismo negro, feminismo sexo-positivo, feminismo crítico de gênero — a lista é inesgotável. Essa diversidade facilita um movimento retórico que costumo observar: desvia-se qualquer crítica ao feminismo como se não se tratasse do "*verdadeiro* feminismo". Esta manobra incorre na falácia do "verdadeiro escocês", usando a vasta gama de feminismos para evitar críticas generalizadas.

Também ouço regularmente a expressão "feminismo radical", que nunca parece associada a grupo nenhum. Alguns católicos consideram qualquer feminista pró-aborto "radical". Nos estudos feministas, "feministas radicais" referem-se às separatistas lésbicas dos anos 1970 que formaram comunas só de mulheres para viver independentemente dos homens. Para os ativistas transgêneros de hoje, qualquer um que tenha a visão, oriunda do senso comum, de que um ser humano masculino não pode ser uma mulher é o "radical". Em vez de nomear um grupo específico dentro do feminismo, o "feminismo radical" aparentemente se tornou uma forma de sinalizar o tipo de feminismo de que não gostamos.

Para complicar ainda mais as coisas, não apenas existem muitas versões do feminismo dentro da fina fatia de nosso momento contemporâneo, mas há ainda mais variedades quando olhamos para o feminismo ao longo do tempo, desde o início do século XX até hoje.

O termo *feminismo* começou a circular na Europa no final do século XIX e atravessou o Atlântico em 1910. A história do feminismo é tipicamente caracterizada por ter várias "ondas" distintas. A primeira foi a do movimento pelo sufrágio feminino. Antes da primeira onda, as mulheres geralmente não tinham o direito de votar, possuir propriedades, servir em júris, ser testemunhas em tribunais, ter direitos à guarda de seus próprios filhos, concorrer a eleições ou se matricular na maioria das faculdades e universidades.

Nos Estados Unidos, o movimento pelos direitos das mulheres surgiu do movimento abolicionista. Líderes proeminentes, como Elizabeth Cady Stanton, Susan B. Anthony e Sojourner Truth, foram ativas em ambos os movimentos, assim como o ex-escravo Frederick Douglass, que participou da primeira convenção dos direitos das mulheres em Seneca Falls, Nova York, em 1848.

O feminismo inicial também teve laços significativos com o Movimento de Temperança, que desejava proibir o consumo de álcool. Mulheres e crianças nessa época eram as principais vítimas do crescente abuso doméstico relacionado ao álcool, e foi em torno dessa causa que as mulheres organizaram pela primeira vez grandes coalizões, como a *Women's Christian Temperance Union*. Seus esforços para defender a mudança legislativa foram temporariamente bem-sucedidos durante o período de treze anos da Lei Seca. A luta pelo sufrágio feminino se mostrou ainda mais vitoriosa com a aprovação da Décima Nona Emenda à Constituição em 1920, que garantiu às mulheres o direito ao voto.

As feministas da primeira onda, em sua maioria, não eram radicais ou revolucionárias. A maior parte era de esposas e mães de classe média, cristãs engajadas, contrárias ao aborto. Seu objetivo não era derrubar ou subverter o sistema, mas ganhar representação legal dentro dele. Depois que esse objetivo foi alcançado, o movimento feminista mais ou menos se desfez. Não havia, naquele momento, a ideia de um patriarcado onipresente que precisasse ser continuamente contestado. É por isso que o movimento feminista é descrito segundo "ondas" distintas: houve um longo intervalo de trinta anos entre a aprovação da Décima Nona Emenda e a segunda onda do feminismo, que eclodiu no final dos anos 1960. Nesse intervalo deu-se algo importante: a Segunda Guerra Mundial. A maioria dos homens aptos foi convocada, e na sua ausência as mulheres apoiaram o esforço de guerra trabalhando em fábricas e estaleiros, além de servir em vários papéis no Corpo Auxiliar Feminino do Exército. Pense na rebitadeira Rosie, a icônica imagem de uma mulher em um lenço de bolinhas e macacão, flexionando o braço sob o slogan *We Can Do It!* Em 1945, as mulheres compunham 37% da força de trabalho dos Estados Unidos, e um quarto das mulheres casadas estava empregada fora de casa. Esta foi uma enorme mudança cultural e se mostraria irreversível.

Em 1963, Betty Friedan escreveu *The Feminine Mystique,* livro que se tornou catalisador para o ressurgimento do feminismo. O objetivo de Friedan era abrir a cortina da brilhante e dourada dona de casa dos anos 1950 a fim de expor "o problema que não tem nome": a profunda e ignorada infelicidade das mulheres quando confinadas aos papéis domésticos. O livro foi um sucesso, e o Movimento de Libertação das Mulheres, um dos muitos movimentos de mudança social no final dos anos 1960, pegou fogo. O objetivo unificador desse movimento não era apenas a igualdade legal, mas uma igualdade social e política mais ampla; e assim as feministas da segunda onda começaram a repensar ativamente os papéis das mulheres dentro de casa e na força de trabalho.

Uma parte importante desse esforço consistiu em enfatizar com novo vigor a chamada "liberdade reprodutiva" — ou seja, o acesso ilimitado ao controle de natalidade e ao aborto. As feministas da primeira onda geralmente se opunham ao aborto, não vendo nenhum conflito inerente entre seus direitos e os direitos de seus filhos ainda não nascidos. De início, as feministas da segunda onda estiveram divididas sobre a questão do aborto, até que a Associação Nacional para a Revogação da Lei do Aborto, liderada por homens, forjou uma aliança com a recém-formada Organização Nacional das Mulheres.[1] Essa aliança entre o feminismo e o movimento pró-aborto seria duradoura; o direito ao aborto *ad libitum* é agora o pilar central e inamovível da plataforma feminista dominante.

De acordo com a maioria dos relatos, essa segunda onda durou cerca de duas décadas, até que o movimento feminista se transformou nas "guerras do sexo" dos anos 1980 — um conflito interno entre feministas que se opunham à pornografia e à prostituição, que para elas eram forças de opressão das mulheres, e as chamadas feministas "sexo-positivas", que viam tudo aquilo como uma libertação. A terceira onda de feminismo que emergiu desse conflito na década de 1990 estava igualmente preocupada com a política sexual e tendia a seguir a linha do sexo positivo, enfatizando a liberdade sexual desinibida. Durante essa onda, o consentimento se tornou a única referência para o sexo ser considerado lícito. Se uma mulher escolhe determinado ato sexual, esse ato sexual é bom, mesmo que envolva prostituição, pornografia ou sadomasoquismo. No início dos anos 1990, o testemunho de Anita Hill destacou o problema do assédio sexual no horizonte mais amplo da cultura, ressaltando a importância do consentimento feminino, e no meio acadêmico a teórica Judith Butler lançou sua influente noção do gênero como uma performance socialmente exigida. Essa ideia rapidamente desceu ao nível da cultura popular; de fato, há algo conscientemente ousado e performático

---

[1] Cf. Sue Ellen Browder, *Subverted: How I Help the Sexual Revolution Hijack the Women's Movement*, Ignatius Press, São Francisco, 2015.

no feminismo da terceira onda — pense na música *punk* do Riot Grrrl e nas *marchas das vadias*. A ênfase na escolha individual e na liberdade é um marcador-chave da terceira onda do feminismo, que tendeu a adotar uma sensibilidade pós-moderna, enfatizando a diversidade entre as mulheres e, ironicamente, brincando com as normas e expectativas de gênero.

Com a virada do milênio, o movimento feminista migrou para o ambiente *online*, ganhando destaque renovado por meio de *blogs* populares e das mídias sociais. Isso reformulou o feminismo mais uma vez, gerando o que muitos chamam de quarta onda, cujo início se deu por volta de 2012. Pode-se ver nessa nova iteração uma ambivalência crescente em relação à licenciosidade sexual irrestrita, uma consciência emergente de que as mulheres podem ser maltratadas mesmo dentro dos limites do que é tecnicamente consensual. *#MeToo* e *#BelieveAllWomen*: eis os cartões de visita da quarta onda do feminismo. Essa onda intensificou muitas características da terceira onda, como o foco na diversidade e a interseção de várias formas de opressão, particularmente o racismo e o sexismo. Abraçando ainda *mais* a pluralidade de gênero, o feminismo da quarta onda deu o passo sem precedentes de rejeitar a ideia de que a "mulher" é um ser biologicamente feminino por definição. Esse movimento teria sido inconcebível na primeira e na segunda ondas. Se o feminismo da terceira onda tinha uma tendência rebelde, libertária e anticensura, as feministas da quarta onda às vezes vão na direção oposta, policiando e prescrevendo códigos de comportamento e discurso projetados para refletir as tendências de gênero mais recentes.

E estamos nós aqui, balançando no recolho da quarta onda — embora, para ser sincera, neste ponto a metáfora já não nos atenda. Não existe mais um movimento que vai e vem, com intervalos entre ondas distintas. Estamos em um oceano agitado, alimentado por rios numerosos — como Tiamat, a tumultuosa deusa do mar do *Enuma Elis*, e seus vários descendentes briguentos.

Tendo esse esboço da história feminista como pano de fundo, gostaria de examinar mais de perto três correntes filosóficas proeminentes que deram origem ao paradigma de gênero. Estou particularmente interessada nas ideias subjacentes que animam o feminismo *pop* — o feminismo dos memes, mídias sociais e conversas cotidianas. Não tentarei fazer um *tour* completo pelos cantos misteriosos da torre de marfim do feminismo. Em vez disso, desejo rastrear várias correntes que se infiltraram na retórica popular e agora moldam nossas noções culturais de gênero. Cada uma dessas correntes, eu diria, reflete uma cosmovisão implícita — uma compreensão particular da realidade, da pessoa humana e do que significa ser livre.

Feminismo existencialista

Na minha leitura do feminismo americano, o destaque vai para Simone de Beauvoir. Isso pode parecer estranho, considerando que Beauvoir não é americana, mas francesa, e sua obra mais famosa, *O segundo sexo,* foi escrita em 1949, um momento relativamente tranquilo no feminismo, durante aquele longo intervalo entre a primeira e a segunda onda. Mesmo assim, Beauvoir foi a primeira filósofa a relatar a dominação masculina que permeia todas as esferas da vida e do pensamento humanos. O próprio conceito de "mulher", argumenta ela, é figurado como um objeto, uma escrava ou um "outro" para o homem, e os seres humanos femininos são socializados para se conformarem a essa compreensão da feminilidade desde o nascimento. Eis a ideia está por trás de sua conhecida frase: "Ninguém nasce mulher, mas torna-se mulher"[2]. Essa afirmação é a semente de mostarda da teoria de gênero.

O segundo sexo é a tentativa de Beauvoir dar conta de como a ideia da mulher como "outro" veio a existir, e o resultado é um extenso tratado de oitocentas páginas que se baseia alternadamente e seletivamente na filosofia, biologia, história, antropologia, psicanálise, religião e literatura. Este livro teve uma profunda influência sobre Betty Friedan, cujo *best-seller* acendeu o barril de pólvora do movimento feminino dos anos 1960. Por meio de Friedan, o relato de Beauvoir da domesticidade e da biologia femininas como domínios da escravização moldou a ideologia e os objetivos da segunda onda do feminismo; e, ao meu ver, ainda hoje continua a contextualizar a abordagem feminista do aborto e a maternidade.

Às vezes, é difícil discernir se Beauvoir está escrevendo em modo descritivo ou prescritivo, mas mesmo suas descrições vêm carregadas de valores e são explicitamente fundamentadas em uma estrutura existencialista, a qual ela estabelece em sua introdução. A escola filosófica do existencialismo recebe seu nome de uma de suas premissas centrais: a ideia de que a *existência precede a essência*. Essência, no jargão filosófico, significa o "o quê" de uma coisa, uma natureza estável que define o que algo é. No capítulo anterior, discutimos a visão cristã da pessoa humana como uma unidade entre corpo e alma, o que é uma compreensão do que o ser humano é *essencialmente*. As discussões sobre a "natureza humana" são implicitamente essencialistas, uma vez que se preocupam em definir uma essência compartilhada e subjacente a todos os seres humanos. A posição filosófica tradicional é a de que a *essência precede a existência*. Em outras palavras, o que um ser humano *é* em sua própria natureza

---

[2] Simone de Beauvoir, *The Second Sex*, Vintage, Nova York, Vintage, 2011, p. 283.

é anterior ao fato de minha existência particular. O existencialismo inverte isso: não sou um ser humano pelo simples fato de existir; devo me *tornar* um ser humano por meio de minha ação criativa no mundo. A humanidade se torna algo que conquisto, em vez de algo que me é dado.

Na versão do existencialismo de Beauvoir, o ser humano é uma "liberdade autônoma" que está em tensão com sua "facticidade", sua condição material e finita[3]. O humano habita, assim, uma "ambiguidade existencial", aprisionado num "drama de carne e espírito, de finitude e transcendência"[4]. Quando leio de Beauvoir, lembro-me dos antigos filósofos estoicos, que viam os seres humanos como emanações do divino que estão presos nas prisões carnais dos corpos. A morte, então, constitui uma fuga, um retorno ao *pneuma divino,* o Deus-Alma que permeia o cosmos. O existencialismo de Beauvoir, no entanto, é ateísta. Não há *pneuma,* nem Deus, nem emanação. Não sou uma *alma* ou centelha divina presa num corpo; sou, antes, uma consciência infinita limitada por minhas circunstâncias biológicas e materiais. Quando Beauvoir se refere à *transcendência,* não está se referindo a Deus, mas falando da capacidade do ser humano de *transcender* os fatos brutos de sua existência por meio da ação criativa. Deixar de exercer essa capacidade de transcendência é cair na imanência, renunciar à liberdade e submeter-se à nossa facticidade como seres físicos. É uma falha moral consentir nessa "queda" da transcendência para a imanência; infligir tal queda a outra pessoa é opressão. Beauvoir considera uma e outra coisa um "mal absoluto"[5].

Para Beauvoir não existe natureza humana, mas apenas a condição humana, aquele estado de tensão ou ambiguidade entre transcendência e imanência. Não há um sentido

---

3 *Idem*, pp. 16-17.
4 *Ibidem*, p. 763.
5 *Ibidem*, p. 16.

intrínseco ao mundo ou às nossas vidas. O sentido precisa ser construído; ele não pode ser simplesmente encontrado. Cabe a nós justificar nossa existência, dar-lhe propósito. Nós não somos *criados*; antes, *criamos a nós mesmos,* e deixar de assumir esse trabalho de autocriação é uma transgressão moral. É verdade: não se trata de um relativismo preguiçoso e libertino, que proclama um "faça o que o faz feliz". Beauvoir afirma explicitamente que não se preocupa com o que fará as mulheres felizes, mas apenas com o que as tornará livres[6].

Ler *O segundo sexo* é uma experiência estranha. Eu me pego balançando a cabeça e concordando; e então, um parágrafo depois, outra vez balançando a cabeça em descrença, como quando ela sugere que vomitar durante a gravidez indica uma rejeição inconsciente da mulher ao filho. Em todos os seus relatos das várias fases da vida da mulher — infância, puberdade, adolescência, casamento, gravidez, maternidade —, ela focaliza o negativo, o ambivalente, o patológico. Embora certamente possa haver um aspecto obscuro em todas essas fases, não consigo escapar à impressão de que ela odeia ser mulher. Ela está certa quando diz que o que é tradicionalmente masculino tem sido consistentemente mais valorizado do que o que está associado ao feminino. Infelizmente, porém, sua visão de mundo subjacente perpetua esse mesmo erro.

Como Beauvoir opõe a facticidade à liberdade e a imanência à transcendência, as mulheres são oprimidas não apenas pelas forças sociais, mas por sua biologia. Veja como ela descreve o estado natural da mulher: "Dar à luz e amamentar não são *atividades,* mas funções naturais; não envolvem um projeto, razão pela qual a mulher não encontra ali motivo para reivindicar um sentido superior para sua existência; ela

---

6   *Ibidem*, p. 17.

se submete passivamente ao seu destino biológico"⁷. Agora leia sua descrição do homem primitivo: "O caso do homem é radicalmente diferente. Ele não prove para o grupo como as abelhas operárias, por um simples processo vital, mas por atos que transcendem sua condição animal". Estas são as expressões que ela usa para caracterizar o trabalho da mulher nesta passagem: *condenada, trancafiada na repetição e na imanência, não produz nada de novo, presa da espécie, cravada em seu corpo como o animal*. Contraste-as com seu relato — mais vigoroso — do trabalho do homem: *expande seu alcance, conquista, constrói, apropria-se, anexa; mediante tais ações ele testa seu próprio poder; ele postula; ele percebe a si mesmo; ele abre o futuro*⁸. Ela prossegue fazendo a estranha afirmação de que o perigo inerente à atividade do homem o dota de suprema dignidade, porque não é "dando vida, mas arriscando a própria vida, que o homem se eleva acima do animal"⁹. Ela negligencia completamente o fato de que o parto em si é perigoso; ao longo da história, também as mulheres não tiveram alternativa entre dar a vida e arriscar a própria vida.

Essa inclinação para o masculino em detrimento do feminino é constante ao longo de todo o livro. Se eu precisasse fazer um resumo de *O segundo sexo*, diria assim: o masculino está para a transcendência como o feminino está para a imanência. É fácil imaginar que pescar com arpão, curtir couro ou arar um sulco num terreno pedregoso podem ser trabalhos bastante repetitivos e até fúteis. No entanto, é apenas o trabalho doméstico que ela qualifica dessa forma, enquanto dá à ação masculina um tom estimulante. Além disso, esse viés não é acidental; trata-se mais de uma característica definidora do que de um defeito de sua

---

7   *Ibidem*, p. 73.
8   *Ibidem*, pp. 73-74.
9   *Ibidem*, p. 74.

cosmovisão. Ela escreve que a mulher "encontra a confirmação das reivindicações masculinas no âmago de seu ser" e que ela "aspira e reconhece os valores concretamente alcançados pelos homens"[10].

O relato de Simone de Beauvoir sobre a condição humana coloca a mulher necessariamente em guerra consigo mesma, com o estado de sua encarnação. Mulher é um conceito absurdo; ela é uma liberdade autônoma presa em um corpo projetado para abrigar outro. Sua única esperança está em lutar contra sua facticidade sempre, a fim de se tornar o mais parecida possível com um homem. Para que uma mulher crie a si mesma, ela deve repudiar a si mesma. Ela deve reconhecer o feminino como carente de sentido e voltar seu olhar, suas aspirações, para o ideal masculino.

Simone de Beauvoir centra o sentido da vida no trabalho e na produção. Como gravidez, parto e amamentação são funções naturais, não podem ser meios de transcendência; a maternidade não permite a uma mulher ir além de sua facticidade, em direção a um nível superior de sentido. O homem, por outro lado, é um indivíduo autônomo e completo, pois é produtor: "Sua existência justifica-se pelo trabalho que realiza"[11]. Ela declara explicitamente que "somente o trabalho pode garantir a liberdade concreta [da mulher]"[12]. É difícil ler essas palavras e não ouvir um leve eco do *slogan* nazista gravado na porta de entrada para Auschwitz: *Arbeit macht frei* — "o trabalho liberta".

Em defesa de Beauvoir, no entanto, ela não exalta a vida agitada da executiva que "se joga" em longas horas de trabalho, constantemente equilibrando uma carreira de alto nível com alguns vestígios de vida familiar. Ela analisa o ideal moderno da "vida plena" em seu capítulo sobre a mulher

---

10 *Ibidem*, p. 74.
11 *Ibidem*, p. 440.
12 *Ibidem*, p. 721.

dita independente de sua época, e nisso tem *insights* que ainda soam verdadeiros depois de quase um século. A mulher moderna, diz, não é livre, mas dividida. Ela não tem como escapar às exigências do mundo feminino, mesmo enquanto luta para obter sucesso no mundo masculino. Ela tem de viver como homem e como mulher, e, "por causa disso, sua carga de trabalho e sua fadiga são multiplicadas"[13]. Beauvoir é completamente pessimista quanto à possibilidade de conciliar maternidade e carreira profissional. "Mesmo um só filho é suficiente para paralisar totalmente a atividade de uma mulher", escreve[14].

Logo depois que terminei meu doutorado, entrei em contato com uma ex-professora minha, perguntando como ela conseguira ter uma carreira acadêmica de sucesso *e* vários bebês. Eu ainda não era mãe, e a perspectiva de equilibrar a maternidade com a vida acadêmica parecia assustadora. O conselho da professora foi simples: escolha bem com quem se casar. Ter um parceiro que ofereça apoio é tudo. "A minha experiência foi maravilhosa", disse, "e a de uma amiga minha, um pesadelo". A diferença? Ela teve um marido que assumia parte do trabalho doméstico e sua amiga, não. Este conselho se mostrou verdadeiro. Na minha relação matrimonial, nunca houve a expectativa de que criar os filhos e cuidar da casa fosse responsabilidade exclusiva da mulher — trata-se, antes, de uma vocação nossa, como casal. Nosso lema conjugal vem da *Odisseia* de Homero: "Não há no mundo presente melhor e maior do que, possuindo um homem e uma mulher uma casa, suas duas mentes e seus dois corações trabalharem como um só. Desespero para seus inimigos, alegria para todos os amigos. Sua melhor reivindicação à glória".

---

13 *Ibidem*, p. 725.
14 *Ibidem*, p. 735.

Essa visão de uma esfera doméstica compartilhada não é a solução defendida por Beauvoir. Dentro de sua estrutura existencialista, um movimento assim não tornaria as mulheres livres, mas condenaria tanto mulheres quanto homens à imanência, ao trabalho que meramente repete e sustenta a existência em vez de transcendê-la. Para Beauvoir, é necessário que ocorra nada menos que uma revolução marxista. A verdadeira igualdade não pode ser alcançada aos poucos, alterando uma lei aqui ou um costume ali: "A floresta deve ser plantada toda de uma vez"[15]. Nesse reino recém-cultivado, uma menina poderia ser criada com "as mesmas exigências e honras, a mesma severidade e liberdade, que seus irmãos". Ela "provaria seu valor no trabalho e nos esportes, rivalizando ativamente com os meninos"[16]. Esta é sua visão para a emancipação das mulheres, "prometida", mas não realizada, pela revolução soviética:

> [...] mulheres criadas e educadas exatamente como os homens trabalhariam nas mesmas condições e pelos mesmos salários; a liberdade erótica seria aceita pelo costume [...]; as mulheres seriam obrigadas a prover outro meio de subsistência para si mesmas; o casamento seria baseado num vínculo livre, que os cônjuges poderiam romper quando quisessem; a maternidade seria uma decisão livre — isto é, o controle de natalidade e o aborto seriam permitidos — e, em troca, todas as mães e seus filhos teriam direitos iguais; a licença-maternidade seria paga pela sociedade, que se responsabilizaria pelas crianças[17].

Eu mesma sou totalmente a favor da licença-maternidade remunerada, mas não posso deixar de me perguntar quem precisaria desempenhar toda a carga de labuta doméstica nessas creches estatais; presumo que não seria a Simone de Beauvoir! Pode-se dizer que Beauvoir está tentando abolir

---

15 *Ibidem*, p. 761.
16 *Ibidem*, p. 761.
17 *Ibidem*, p. 761.

completamente a polarização entre masculinidade e feminilidade, estabelecendo uma esfera neutra que não contém nem uma coisa, nem outra. Em certo sentido, isso é verdade: seu objetivo é um mundo andrógino. Ela diz que, uma vez que as meninas sejam inseridas na esfera masculina desde o nascimento, essa esfera não será mais percebida como masculina, mas como "andrógina"[18]. Mesmo nesta descrição final de sua sociedade ideal, fica claro que a mudança não se aplica aos homens, mas às mulheres. O padrão masculino permanece em vigor, mesmo que agora seja rebatizado como androginia, em razão da participação plena das mulheres nele. Mesmo que eu deixe Beauvoir dar a última palavra, essa palavra reafirmará meu ponto de vista. Ela termina seu longo livro sobre a situação das mulheres com um apelo final para que homens e mulheres "afirmem inequivocamente sua *fraternidade*"[19].

Aprofundar-nos-emos nas ramificações dessas ideias nos capítulos subsequentes. Meu objetivo aqui é destacar as principais premissas dessa cosmovisão, premissas que continuam a circular por correntes proeminentes do feminismo quase oito décadas depois. Muitas vezes, a liberdade para as mulheres é apresentada como um *livrar-se da feminilidade*. A "autonomia" é vislumbrada de acordo com parâmetros masculinos, e espera-se que as mulheres empreguem meios químicos e cirúrgicos invasivos para conformar seus corpos a esse ideal. As mulheres não são valorizadas simplesmente por *serem*; devem, antes, provar seu valor *fazendo algo*. As ações e atividades que a sociedade elogia raramente são aquelas associadas à domesticidade e à maternidade.

Embora poucas feministas agora se afirmem conscientemente existencialistas, eu diria que a compreensão de

---

18 *Ibidem*, p. 761.
19 *Ibidem*, p. 766 (grifo nosso).

liberdade e autonomia por parte de Simone de Beauvoir continua a animar a posição feminista pró-aborto. A seguinte (e famosa) frase de *Planned Parenthood v. Casey*, decisão pela qual a Suprema Corte declarou o aborto como direito, tem claras conotações existencialistas: "No coração da liberdade está o direito de definir o próprio conceito de existência, de significado, do universo e do mistério da vida humana". Não há, nesta afirmação, nada que admita haver no mundo uma condição de *coisa dada* pela qual sejamos responsáveis; que um ser humano não nascido existe, gostemos disso ou não; e que o fato dessa existência pode nos exigir uma resposta ética particular. Perdeu-se a antiga visão de que o significado é inerente ao mundo e pode ser reconhecido pelos seres humanos. Perdeu-se a compreensão de um florescimento humano compartilhado — ou *eudaimonia* — que é alcançado quando se vive de acordo com nossa natureza. De fato, perdeu-se por completo a ideia de natureza humana. O único *telos* é uma liberdade ilimitada, uma interminável jornada de autocriação sem destino específico. O *telos* de cada um é definir o próprio *telos*.

Feminismo pós-moderno

Após as "guerras do sexo" da década de 1980, o feminismo deu uma guinada decididamente pós-moderna, e desde então tem seguido esse caminho. Uma figura-chave a liderar essa mudança é a filósofa Judith Butler, cujo trabalho impulsionou o afastamento dos *estudos femininos* em direção aos *estudos de gênero*. Os escritos de Butler lograram uma posição canônica na academia. Eu apostaria, sem medo de perder, que todos os programas de estudos de gênero existentes hoje incluem a obra dela. É difícil superestimar seu protagonismo neste campo.

Lembro-me de ver Butler falar na Convenção da MLA de 2008, em Los Angeles. Isso foi durante o auge do meu pós-modernismo. Eu vinha me dedicando à minha dissertação e aprendendo a navegar nas águas brutais do mercado de trabalho acadêmico. Assim que vi o nome dela na agenda, jurei que participaria daquele evento, empolgada ante a expectativa de ver Judith Butler em carne e osso, com meus próprios olhos.

A grande sala de convenções estava lotada, e eu consegui um lugar perto dos fundos. Fiquei surpresa com a pequena estatura de Butler, a qual contrastava com seu *status* lendário. Ela apareceu com um corte de cabelo de menino penteado para o lado, e também trajava uma elegante jaqueta de couro. Como é costume nas conferências acadêmicas, ela leu com firmeza e precisão um ensaio preparado com antecedência. Eu tomava notas freneticamente num caderninho verde, tentando acompanhar o fluxo constante de academiquês que vinha da mesa. Lembro-me de pensar comigo mesma enquanto transcrevia: *não tenho ideia do que ela está falando*. Isso deveria ter me feito pensar, mas não o fez. Apenas continuei coletando suas palavras obedientemente, presumindo que sua sagacidade estava tão fora do meu alcance como as nuvens distantes e que eu precisaria meditar cuidadosamente sobre elas a fim de discernir seu significado. Eu nunca duvidei, nem por um instante, de que tudo o que ela dizia era sublimemente profundo e inatacável. Em vez disso, duvidei de mim mesma.

Para ser sincera, Butler é brilhante. Ela é um peso-pesado intelectual, e sua prosa é como uma muralha; o leitor precisa bater a cabeça contra as palavras para abrir caminho. Em 1998, Butler ganhou o primeiro Bad Writing Award [Prêmio da Má Escrita] da revista *Literature and Philosophy* por este trecho: "A transição de uma visão estruturalista, na qual se entende que o capital estrutura as relações sociais de formas relativamente homólogas, para uma visão de hegemonia, na qual as relações de poder estão sujeitas à repetição, convergência e rearticulação, suscitou a questão da temporalidade para o pensamento da estrutura e marcou a passagem de uma forma de teoria althusseriana, que toma as totalidades estruturais como objetos teóricos, para uma em que os *insights* sobre a possibilidade contingente da estrutura inauguram uma concepção de hegemonia renovada, ligada aos locais e estratégias contingentes da rearticulação do poder"[20].

Não menciono esta honra ignominiosa para chutar cachorro morto, mas para fazer uma observação: um dos perigos da teoria de gênero e feminista é sua inescrutabilidade. Em meus anos lendo e lecionando a escrita de Butler, nunca vi um só aluno compreender corretamente todas as implicações de seus raciocínios. Eles se agarram aos aspectos que são inteligíveis e que se encaixam em suas experiências e, com base nessa confirmação mínima, abraçam o resto por atacado. Isso cria um fenômeno que chamo de "teoria de gênero em gotas": a ampla aceitação popular de ideias que brotam de uma visão de mundo que a maioria das pessoas, particularmente a maioria dos cristãos, rejeitaria. Essa visão de mundo, nunca articulada com clareza, é sorrateiramente empacotada com as ideias aceitas.

Muitos dos pressupostos fundamentais de Butler exercem uma profunda influência na cultura popular de hoje, frequentemente sob formas diluídas e em pequenas doses. Butler se apoia em muitas das ideias afirmadas em *O segundo sexo*, mas chegando a novos extremos. Butler é fortemente influenciada pela filosofia existencialista, como fica claro a partir da referência a Beauvoir e Jean-Paul Sartre

---

20 "The World's Worst Writing", *The Guardian*, 24 de dezembro de 1999.

na primeira página de seu livro mais famoso: *Problemas de gênero*. Perto do final de *O segundo sexo*, Beauvoir proclama: "Nada é natural"[21]. Para Butler, essa afirmação é uma premissa fundamental. *Nada é natural.*

Quando Beauvoir escreve que alguém não nasce, mas se torna mulher, está levantando uma barreira entre "mulher" e "fêmea", propondo a ideia segundo a qual "mulher" é uma ficção social e cultural que se sobrepõe à realidade biológica da feminilidade. Ela escreveu isso na década de 1940, prefigurando a virada pós-moderna. Não demorou muito para que um movimento centrado na ideia de "mulher" começasse, pouco a pouco, a desmantelar precisamente essa categoria. Desde a década de 1980, muito tempo e tinta foram gastos na escrita feminista para rejeitar o conceito de "mulher" como categoria estável. Essa é uma consequência direta da virada pós-moderna, a qual leva a um quadro interessante: a teoria feminista começa a serrar, com entusiasmo, o galho em que está sentada.

Na década de 1990, Butler dobra a aposta, questionando também o conceito de "feminino": "'feminino' não parece mais ser uma noção estável; seu significado é tão problemático e volátil quanto os de 'mulher'", escreve em *Problemas de gênero*[22]. Com esse movimento, Butler estende a fuga feminista do essencialismo a uma nova fronteira. Simone de Beauvoir pode ter visto a feminilidade em termos negativos e até patológicos, mas pelo menos a levara a sério como "facticidade" que fundamenta e circunscreve a vida das mulheres. Butler, em contraste, não. Isso porque seu objetivo principal como teórica consiste em desmantelar a normalização dos relacionamentos heterossexuais — a tendência a ver o relacionamento sexual masculino e feminino como

---

21 Beauvoir, *The Second Sex*, p. 761.
22 Judith Butler, *Gender Trouble: Feminism and the Subversion of Identity*, Routledge, Nova York, 1990, p. ix.

normal e natural, o que no auge da teoria vem a ser chamado de *heteronormatividade*. A ideia de que a humanidade está dividida em dois sexos biologicamente complementares é, para Butler, uma ficção social, não um fato. Como ela chega a essa conclusão, que vai contra o senso comum e o consenso científico? Numa palavra: Foucault.

A chave para entender Judith Butler é compreender sua fundamentação na filosofia pós-moderna de Michel Foucault. Sei que, neste ponto, alguns de meus leitores podem se sentir como se eu lhes estivesse mostrando uma série desnecessariamente complexa de bonecas *matrioska*, umas dentro das outras — *abra a boneca Butler e dentro dela você encontrará... Foucault!* Na verdade, corro o risco de simplificar demais as coisas, porque se o trabalho de Butler fosse uma *matrioska*, você encontraria dezenas de bonequinhas francesas dentro dela: Foucault, sim, e Simone de Beauvoir — mas também Derrida, Lacan, Irigaray, Kristeva, Wittig. Vou pular essa exaustiva genealogia e me concentrar em Foucault, porque ele é o homem por trás da cortina da política identitária de hoje. Eu argumentaria que a maioria dos adeptos do paradigma de gênero adotaram involuntariamente uma cosmovisão foucaultiana, transmitida, ao menos em parte, por Judith Butler e seu conta-gotas.

Vejamos uma passagem de seu livro *Desfazendo gênero*:

> A questão de quem e o que é considerado real e verdadeiro é aparentemente uma questão de conhecimento. Mas é também, como Michel Foucault deixa claro, uma questão de poder. Ter ou portar a "verdade" e a "realidade" é uma prerrogativa enormemente poderosa dentro do mundo social, um modo como o poder se dissimula como ontologia[23].

O poder se dissimula como ontologia. Ontologia refere-se à filosofia do ser, do que existe. O que Butler está dizendo

---

23 Judith Butler, *Undoing Gender*, Routledge, Nova York, 2004, p. 27.

aqui é que o que percebemos como "real" é na verdade uma ficção criada e imposta pelo poder institucional. Na perspectiva pós-moderna, a verdade é sempre declarada entre aspas e como, em última análise, incognoscível (ou inexistente). Tudo o que existe é o poder. O conhecimento, então, não é uma questão de discernir ou reconhecer o que é verdadeiro, porque a própria "verdade" é uma construção do poder. Para encapsular essa ideia, Foucault usa o termo "conhecimento-poder" — mesmo termo escolhido por Butler.

A contribuição mais famosa de Butler para os estudos de gênero é seu conceito de gênero como *performance*. Em 1988, ela lança a teoria de que o que percebemos como gênero é na verdade uma *performance* inconsciente, à qual somos forçados pela sociedade, que cria a ilusão de uma essência[24]. Desde o nascimento, os seres humanos são categorizados segundo o gênero e recebem roteiros sociais separados, por assim dizer. A execução contínua desses roteiros sustenta a ilusão de que essas categorias são reais, e não construções sociais.

Os alunos tendem a se apegar à ideia de "performatividade de gênero" porque há um sentido em que ela é verdadeira. A maioria das pessoas teve a experiência de agir conforme sua masculinidade ou feminilidade, procurando se encaixar nos estereótipos sexuais. Há certamente um nível básico de arbitrariedade em alguns dos sinais visíveis da diferenciação sexual: penteados e roupas, por exemplo, variam de cultura para cultura. Há certo sentido em que todos nós executamos, isto é, encenamos e incorporamos, nossa identidade sexual. O que os alunos têm mais dificuldade em perceber é que Butler está alegando algo muito mais radical. Ela está dizendo que a identidade sexuada é *apenas* uma *performance*, que não há mulher ou homem "real" sob as várias expressões culturais.

---

[24] Judith Butler, "Performative Acts and Gender Constitution: An Essay in Phenomenology and Feminist Theory", *Theatre Journal* 40, n. 4, 1988, pp. 519-31.

As próprias expressões culturais estão apenas criando a ilusão de que homens e mulheres existem.

Agora, Butler não está negando que existam diferenças biológicas entre os sexos. Em vez disso, ela está alegando que qualquer categorização ou sentido que atribuímos a essas diferenças é uma questão de poder, não de verdade. Não há nenhuma razão, segundo ela, para achar que haja mais sentido nessas diferenças do que nas diferenças de cabelo ou cor dos olhos. O corpo, para ela, existe — mas como uma página em branco, desprovida de sentido próprio, sobre a qual as normas sociais são escritas.

As teorias de Butler, como toda teoria feminista, têm uma faceta política. Reconhecer que o gênero é uma ficção permite que as pessoas subvertam intencionalmente aquelas normas que criam a ilusão da realidade. "Como pessoas *drag, butch, femme*, transgêneros, transexuais entram no campo político?", pergunta ela. "Elas não apenas nos fazem questionar o que é real e o que 'deve' ser, mas também nos mostram como as normas que regem as noções atuais de realidade podem ser questionadas e como novos modos de realidade podem ser instituídos"[25]. Este é o seu projeto político: desmantelar as normas de gênero e sexo para desmantelar a chamada heteronormatividade.

Para conseguir isso, ela questiona *todas* as normas e costumes que cercam a sexualidade — incluindo o tabu do incesto. Butler afirma que o incesto não é necessariamente traumático; é o estigma social que lhe dá essa característica[26]. A cada proposição, Butler responde não avaliando sua verdade, mas se ela confirma normas sexuais. Em *Desfazendo gênero*, ela levanta a possibilidade de "substituir o corpo materno" por inovações tecnológicas que possibilitem a reprodução

---

25 Butler, *Undoing Gender*, p. 29.
26 *Idem*, p. 157.

artificial, desvinculando totalmente a reprodução humana das relações heterossexuais. Butler adverte as feministas que rejeitariam tais inovações de que sua oposição *"as põe em risco de naturalizar a reprodução heterossexual"*[27]. Enfatizo essa frase porque ela identifica a perspectiva extremamente socioconstrutivista de Butler. A própria ideia de que a reprodução heterossexual é natural é, para Butler, um roteiro nocivo que deve ser reescrito por completo.

Essa compreensão pós-moderna da verdade como poder leva a uma práxis política pós-moderna, na qual a linguagem é intencionalmente manipulada para instituir esses "novos modos de realidade"[28]. É por isso que há tanta ênfase no policiamento do discurso — a criação de novos pronomes e a exigência de seu uso, a constante mudança nas definições de termos como *gênero,* a proliferação contínua de novas categorias e subcategorias de identidade e desejo. Trata-se de um esforço conjunto para impor um novo roteiro de verdade social por meio de um exercício de poder.

Enquanto escrevia este livro, me deparei com a afirmação de que Michel Foucault defendeu a legalização da pedofilia na França por meio da anulação das leis que determinam a idade de consentimento. Isso me soou tão radical que me perguntei se não se tratava de apenas uma teoria da conspiração. Para minha consternação, descobri que era verdade. Em 1977, Foucault solicitou formalmente ao governo francês que descriminalizasse o sexo consensual com menores[29]. Ele não se limitou a propor a redução da idade de consentimento, mas sua abolição[30]. Nesse mesmo

---

27 *Ibidem*, p. 11.
28 *Ibidem*, p. 29.
29 "Lettre ouverte à la Commission de révision du code pénal pour la révision de certains textes régissant les rapports entre adultes et mineurs", 1977.
30 Lawrence Kritzman, "Sexual Morality and the Law", em *Michel Foucault — Politics, Philosophy, Culture: Interviews and Other Writings 1977-1984*, Routledge, Nova York, 1988, pp. 271-85. Esta é uma transcrição traduzida de uma entrevista de 1978 em que Foucault discute seu apoio à petição, afirmando que "uma barreira de idade estabelecida por lei não tem muito sentido".

ano, uma carta aberta no jornal francês *Le Monde* pediu a libertação de três pedófilos condenados, uma vez que "três anos [de prisão] por beijos e carícias são suficientes"[31]. A carta argumentava que, se meninas de treze anos têm idade suficiente para tomar a pílula anticoncepcional, também têm idade suficiente para consentir em fazer sexo com adultos. Simone de Beauvoir assinou esta carta — assim como Jean-Paul Sartre, Jean-François Lyotard, Gilles Deleuze, Félix Guattari e Roland Barthes. Todas essas figuras são superestrelas na academia, teóricos e filósofos reverenciados. Li todos eles na pós-graduação, sem saber que seus pressupostos teóricos os levaram à conclusão de que não há problema algum em esterilizar temporariamente meninas menores de idade para que possam fazer sexo com homens adultos.

Se sua filosofia leva você a esse ponto, há algo de podre na raiz dela.

Feminismo interseccional

As teorias de Judith Butler moldaram indiscutivelmente o paradigma de gênero, mas essas teorias se transformam quando são varridas pelos ventos caprichosos da cultura popular. Por exemplo, os primeiros trabalhos de Butler, e em particular seu vitorioso conceito de performatividade, não se alinham com a narrativa transgênero de que alguém pode ter a essência de um gênero no corpo errado. Se um homem alegar que é "realmente" uma mulher trans, que seu senso interno de gênero é mais real do que seu sexo físico, está adotando uma narrativa essencialista,

---

31 *Le Monde*, 26 de janeiro de 1977.

que vai contra a negação de Butler de que o gênero tenha qualquer essência.

Em suas obras posteriores, Butler se adapta. Parece ter havido um ciclo de *feedback*: as teorias de Butler afetaram a cultura e a cultura, por sua vez, influenciou seus escritos subsequentes. Como suas teorias não estão presas à realidade, a nada estável, ela pode improvisar. Quando *Desfazendo gênero* é publicado, em 2004, ela tempera sua linguagem para abrir espaço para a política transgênero e também expande sua retórica, abrindo o foco antes voltado às identidades *queer* para incluir acenos superficiais para outros fatores identitários marginalizantes, como raça e deficiência. Essa mudança retórica no próprio trabalho de Butler reflete uma mudança mais ampla na teoria feminista e de gênero como um todo, na medida em que o feminismo entra em sua quarta onda e o conceito de "interseccionalidade" reivindica o trono da teoria.

Interseccionalidade é um termo cunhado em 1989 pela teórica feminista negra Kimberlé Crenshaw[32]. Em sua produção, Crenshaw, acadêmica do campo do direito, destacou o que ela via como uma lacuna potencial na lei antidiscriminação. Embora raça e sexo sejam classes protegidas, a lei não necessariamente reconhece formas específicas de discriminação que podem surgir quando um indivíduo ocupa mais de uma dessas categorias. Em outras palavras, uma mulher negra poderia vivenciar uma dupla forma de discriminação relacionada à sua localização na "intersecção" de raça e sexo — uma localização distinta daquela de um homem negro ou de uma mulher branca.

---

[32] Kimberlé Crenshaw, "Demarginalizing the Intersection of Race and Sex: A Black Feminist Critique of Antidiscrimination Doctrine, Feminist Theory and Antiracist Politics", *University of Chicago Legal Forum*, 1989. Cf. também o ensaio mais famoso dela: "Mapping the Margins: Intersectionality, Identity Politics, and Violence against Women of Color", *Stanford Law Review* 43, n. 6, julho de 1991, pp. 1241-99.

Há algo diretamente verdadeiro nesse *insight*. Não existe apenas uma "experiência feminina" ou "experiência negra"; outros fatores, como classe e deficiência, moldam as realidades concretas nas quais os indivíduos vivem. Quando usada simplesmente como heurística ou ferramenta de análise, a ideia básica de interseccionalidade tem a virtude de aumentar nossa compaixão para com as outras pessoas. A análise feminista, em particular, deve refletir certa consciência das circunstâncias multifacetadas das mulheres. Muitas vezes o feminismo tem girado em torno da vida de mulheres brancas de classe média e alta, o que historicamente acabou por ser um problema para o movimento. Afinal, a segunda onda do feminismo surgiu em resposta à descrição sombria da dona de casa suburbana americana em *The Feminine Mystique*. A interseccionalidade tem o potencial de adicionar a complexidade necessária à ideia de um patriarcado difuso e onipresente que garante que as mulheres, sempre e em todos os lugares, estejam em desvantagem em relação aos homens. Infelizmente, porém, não é assim que o conceito é costumeiramente usado na retórica feminista contemporânea.

Lembro-me de recentemente voltar para casa de bicicleta no final de um dia de trabalho. O ar estava fresco, e eu o cortava rapidamente, sentindo minhas pernas se moverem com força e vigor. Estava ansiosa para chegar em casa. Eu sabia que uma casa confortável, uma refeição quente e um bando de crianças barulhentas e saudáveis me esperavam. Minha casa fica perto da paróquia local, que oferece jantar gratuito às sextas-feiras. Ao me aproximar de casa, vi um homem caminhando em minha direção do outro lado da rua. Ou melhor, ele estava mancando, com sua perna esquerda se arrastando fracamente, mais sendo levada pelo corpo, com grande esforço, do que o levando. Suas roupas estavam esfarrapadas; seu rosto, abatido; e em sua expressão havia um olhar de sombria determinação, como se ele estivesse andando contra um vento poderoso. Presumi que tinha ido à paróquia para a refeição grátis, e, enquanto eu passava por ele, dois pensamentos se formaram em minha cabeça, um atrás do outro. O primeiro foi uma súbita consciência de como sou sortuda por ter um corpo saudável, um emprego estável e acesso garantido a moradia e alimentação. O segundo foi o do quão absurdamente redutivo e simplista é o conceito de "privilégio masculino branco"! Como seria insultante dizer a esse homem que ele está de alguma forma, apenas por causa de seu sexo, em posição de poder sobre mim, uma professora bem-educada, fisicamente apta, de classe média. Em certo nível, esse reconhecimento foi uma percepção interseccional, porque se baseava em minha percepção da classe e da deficiência do homem, bem como de seu sexo. Ironicamente, o porrete do "privilégio masculino branco" é em si produto do pensamento interseccional, que se expandiu para muito além de seu papel como ferramenta analítica e se tornou uma ideologia totalizante que chamarei de *interseccionalismo*: uma ideologia que gera divisão em vez de compaixão.

Assim como o paradigma de gênero, o interseccionalismo pressupõe uma compreensão pós-moderna da realidade adaptada da teoria de Michel Foucault, a mesma visão de mundo que fundamenta a teoria de gênero de Butler. Lembre-se: segundo a compreensão foucaultiana da realidade, o que afirmamos ser *verdade* e *conhecimento* são questões de poder. Quem tem poder define o que é real e o que pode ser conhecido. Para citar um butlerismo, "viver é viver uma vida politicamente, em relação ao poder"[33]. Em vez de adicionar nuances à ideia de um patriarcado sempre presente, o interseccionalismo acrescenta forças opressivas ainda mais difusas. O vilão "patriarcado" se transforma

---

33 Butler, *Undoing Gender*, p. 39.

no arqui-inimigo "cis-heteropatriarcado masculino branco". A constante geração de neologismos, como "cisgênero", é outro marcador do interseccionalismo, que se baseia na manipulação da linguagem como forma de remodelar o que é considerado "real".

O interseccionalismo apaga tanto a dimensão do *universal* quanto a do *individual*. Não podemos mais apelar para uma natureza ou condição humana compartilhada que seja intrínseca e transcultural. Tampouco podemos voltar nossa atenção para o indivíduo; devemos, antes, olhar para as pessoas através das lentes das categorias de identidade a fim de discernir se suas perspectivas têm algum valor. Os seres humanos são definidos ou "constituídos" por sua posição na grade de forças interligadas de opressão. Não somos indivíduos únicos; somos compostos frankensteinianos, colchas de retalhos feitos dos grupos aos quais pertencemos.

Essas filiações a grupos são ordenadas hierarquicamente e recebem graus variados de capital social na tentativa de reverter dinâmicas opressoras de poder, recentralizar os marginalizados e privilegiar os desprivilegiados. A tentativa de simplesmente reverter a dinâmica do poder, no entanto, não faz nada para desfazer a preocupação subjacente com o poder e a dominação. Assumir uma identidade oprimida se torna um modo de poder em si. Essa abordagem de soma zero leva a um sistema de perpétua disputa por uma posição melhor na pirâmide da opressão. Como José, com sua maravilhosa túnica de muitas cores, quem ostenta a maior variedade de participação em grupos marginalizados obtém domínio social sobre seus pares.

É notável que, entre o conjunto de forças marginalizadoras, a classe econômica tenda a receber menos ênfase, que seja uma mera figuração na ladainha costumeira das identidades oprimidas. Suspeito que o desprezo à classe tenha algo a ver com o fato de que o interseccionalismo predomina em esferas burguesas bem-educadas, como os *campi* da Ivy League e as palestras providenciadas pelos departamentos de recursos humanos de certas empresas. Se a classe econômica recebesse imóveis melhores no tabuleiro de Banco Imobiliário da interseccionalidade, seria difícil para o professor titular de uma instituição prestigiada, que ganha um salário de seis dígitos ao ano, alegar que é oprimido porque é mulher, gay ou não branco — ou, melhor ainda, todas as opções acima.

A dinâmica de poder endêmica do interseccionalismo também leva a bizarras lutas *internas* no seio das categorias oprimidas. Por exemplo, a categoria "pessoas de cor", que foi padrão nos círculos acadêmicos durante certo tempo, foi agora substituída por "pessoas de cor negras e indígenas", criando uma hierarquia implícita entre esses grupos e outras minorias, como os asiáticos e latinos, que são cada vez mais considerados "quase brancos". Da mesma forma, as identidades transgênero agora superam as identidades lésbicas e gays, ou até mesmo algumas identidades raciais, levando a proclamações como a de que os "homens negros cis-heterossexuais são os brancos dos negros"[34]. Em uma retórica interseccional intensificada como essa, a categorização social é muito frequentemente usada como ferramenta de julgamento e censura, em vez de aumento de compaixão. As dinâmicas de conflito e dominação não são interrompidas pelo interseccionalismo, mas cooptadas e redirecionadas.

* * *

Onde desembocamos depois de tudo isso? O que é a "cosmovisão feminista" hoje? Reconheço que é difícil, quiçá

---

[34] Essa frase específica fez sucesso no Twitter em 2016. Cf. Damon Young, "Straight Black Men Are the White People of Black People", *The Root*, 17 de setembro de 2017.

impossível, definir *a* visão de mundo feminista. No entanto, parece-me possível localizar correntes teóricas proeminentes que moldam e direcionam o pensamento, a retórica e a prática contemporâneas, sobretudo no nível popular. Essas correntes, quando tomadas em conjunto, acabam por criar na prática uma cosmovisão, um conjunto de pressupostos orientadores sobre a realidade, a pessoa humana e o aspecto da verdadeira liberdade. Essa cosmovisão implícita é o que chamo de *paradigma de gênero*.

Em primeiro lugar, trata-se de um paradigma ateu. Deve-se ter por certeza que não somos seres criados, mas produtos de forças sociais. Realidade, gênero, sexo — tudo, até a verdade — são construções sociais. A negação de Deus leva à negação da natureza. Por "natureza" não quero dizer o mundo natural de plantas e animais, mas a ideia de "natureza humana", a noção de que alguns aspectos da identidade humana são pré-sociais e intrínsecos — influenciados, sim, pelas forças sociais, mas não totalmente criados por elas. Como o *telos* está ligado à *natureza,* aquilo a que somos destinados está conectado a quem somos. A rejeição de Deus e da natureza implica a rejeição da teleologia. A liberdade não consiste mais em ser livre para viver em harmonia com nossa natureza e realizar nosso próprio potencial; a liberdade é simplesmente a busca da possibilidade irrestrita de escolha, afastando infinitamente os limites e normas do passado. Isso leva a outra consequência: a negação do corpo, porque *o próprio corpo é um limite*. A realidade concreta do corpo e da diferenciação sexual impõe um limite à escolha, à autoimprovisação, à construção social. Por isso o paradigma de gênero, em última análise, sustenta uma visão negativa da corporeidade.

Meu objetivo neste capítulo foi fornecer um breve passeio pelo feminismo — tanto em seu arco histórico quanto em suas formas atuais — e por sua relação com a teoria de gênero. O restante do livro fará mergulhos temáticos, adicionando profundidade ao que está superficial e dedicando um olhar mais demorado ao sexo, ao gênero e à corporalidade. Embora as correntes dominantes que discuti aqui compartilhem de premissas fundamentais, é importante notar que esses pontos de vista nem sempre são harmoniosos, mas têm tensões internas e entre si. O paradigma de gênero não é necessariamente uma visão de mundo coerente, mas repleta de contradições interiores. No entanto, acho que não só é possível, mas *necessário,* dar conta desse quadro a fim de entender como esse paradigma difere do paradigma cristão. Somente a partir dessa base — a partir de uma sólida compreensão das visões de mundo concorrentes — é possível que os cristãos explorem o pensamento e a práxis feministas em busca de suas joias escondidas e se aliem às feministas seculares em busca de objetivos comuns.

Controle

Em 1930, um artista dinamarquês chamado Einar Wegener passou pela primeira de quatro cirurgias numa tentativa de mudar de sexo. Wegener se vestia e se apresentava regularmente como mulher havia vários anos, recebendo o nome de "Lili". Foi uma das primeiras pessoas a fazer o que hoje é chamado de cirurgia de mudança de sexo (ou cirurgia de "confirmação de gênero"). Na década de 1930, tratava-se de um fenômeno novo, e os procedimentos eram inteiramente experimentais.

Wegener ouviu falar pela primeira vez sobre a tentadora perspectiva de mudar de sexo no Instituto Alemão de Pesquisas Sexuais, dirigido por Magnus Hirschfeld, o médico alemão que cunhou o termo "transexual". Wegener era dominado pelo desejo de se tornar uma "mulher completa", incluindo a capacidade de gestar e parir bebês[1]. Para ele, tornar-se mulher não era simplesmente "performar" ou parecer mulher; ele queria uma verdadeira mudança de sexo, a capacidade de viver a potencialidade procriadora de uma fêmea. Queria renascer completamente. Sua história é quase como uma releitura da criação de Eva: um homem caindo no sono do não ser para que uma nova criatura feminina pudesse emergir. No entanto, neste caso, não havia força divina em ação; apenas a vontade do homem e o inexperiente poder de sua *technê*.

---

1   Niels Hoyer (ed.), *Man into Woman: An Authentic Record of a Change of Sex*, EP Dutton & Co., Nova York, 1933.

Como parte dessa transformação, Wegener se separou de sua esposa, Gerda, e legalmente mudou seu nome para Lili Elbe, batizando seu novo eu em homenagem ao rio que serpenteia pela Europa. Também conseguiu um amante do sexo masculino, esperando ter filhos dele tão logo emergisse completamente da crisálida como *ela*.

Wegener confiou-se aos cuidados de Hirschfeld, passando por quatro cirurgias invasivas em menos de dois anos. Primeiro seus testículos foram removidos, ao que se seguiu um transplante de ovário em seu abdômen. O terceiro procedimento removeu seu pênis e escroto, e a cirurgia final envolveu um transplante uterino e a construção de um canal vaginal. Trágica e previsivelmente, seu sistema imunológico rejeitou o útero alheio, e Elbe morreu em 1931, três meses após sua última operação. Ele tinha 48 anos.

A história de Einar Wegener só se tornou amplamente conhecida ao ser contada no filme *A garota dinamarquesa*, de 2015. O mesmo não se pode dizer de Christine Jorgensen, nascido George William Jorgensen, um americano que em meados do século XX se tornou a primeira celebridade trans, aparecendo em capas de revistas e percorrendo o país para defender as pessoas transgênero, então conhecidas como transexuais. A transição médica de Jorgensen, que começou em 1952, diferia daquela de Wegener sobretudo de duas maneiras. Na década de 1950, os endocrinologistas desenvolveram a capacidade de sintetizar e manipular hormônios sexuais, numa inovação tecnológica que também facilitou o desenvolvimento da primeira pílula anticoncepcional hormonal. Jorgensen começou sua transição tomando hormônios cruzados — o nome "Christine" é uma homenagem ao endocrinologista de Jorgensen: Christian Hamburger — e, depois, removendo seus testículos e pênis, além de passar por uma vaginoplastia subsequente. Esta é a segunda diferença fundamental: a transição de Jorgensen o deixou permanentemente esterilizado, mas ele não fez nenhuma tentativa de buscar a potencialidade fértil de uma mulher. Ele não compartilhava do entendimento de Wegener quanto ao que significava se tornar uma "mulher completa".

Wegener e Jorgensen são pessoas diferentes, é claro, com desejos e motivações distintas. Além disso, com certeza transplantar órgãos estranhos é muito mais arriscado do que remover órgãos nativos — um risco que se provou fatal para Wegener. No entanto, acho que há, nessa história, outra camada que merece ser contada, uma mudança mais ampla na compreensão cultural do que significa ser mulher. Jorgensen aparentemente não achava que precisava do potencial de ter filhos para se tornar uma mulher "real". É sintomático que a sociedade também não achasse. Em 1930, a busca da feminilidade envolvia a adoção do papel procriador feminino. Na década de 1950, a feminilidade se tornara simplesmente uma questão de remodelar a aparência. O que está por trás dessa mudança conceitual? O que aconteceu nessas décadas intermediárias? A normalização generalizada da contracepção.

Sem deuses, sem mestres

As primeiras sufragistas feministas não eram proponentes da contracepção. Embora defendessem a "maternidade voluntária", o mecanismo proposto era a abstinência periódica: o direito das mulheres de dizer não ao sexo, mesmo dentro do contexto do casamento. Isso tornava o planejamento familiar responsabilidade tanto do homem quanto da mulher; as mulheres receberiam proteção legal contra o estupro marital, e dos homens se esperaria que refreassem seus desejos para regular os nascimentos. Na verdade, muitas sufragistas viam a contracepção como algo que beneficiaria os *homens* e não as mulheres, permitindo aos homens maior liberdade sexual, uma vez livres da perspectiva de ter filho.

Essas feministas da primeira onda apontavam a fonte da opressão feminina em forças sociais externas, particularmente no sistema legal. Mas uma ativista influente, Margaret Sanger, concluiu que as sufragistas estavam equivocadas, focando nas coisas erradas. As mudanças pelas quais elas lutaram não tornariam as mulheres livres, uma vez que as mulheres não são oprimidas pela sociedade, pelos homens, ou por leis ruins. As mulheres são oprimidas por seus próprios corpos:

> [A mulher] reivindicou o direito ao sufrágio e à regulamentação legislativa de sua jornada de trabalho, e pediu que seus direitos de propriedade fossem iguais aos do homem. Nenhuma dessas exigências, porém, afetou diretamente os fatores mais vitais de sua existência. [...] Ela havia se acorrentado ao seu lugar na sociedade e na família por meio das funções maternais de sua natureza, e correntes menos fortes jamais poderiam tê-la ligado ao seu destino, como um animal reprodutor, a serviço das civilizações masculinas do mundo [...]. [A] mulher, por meio de sua capacidade reprodutiva, fundou e perpetuou as tiranias da Terra. Fosse a tirania de uma monarquia, uma oligarquia ou uma república, o único fator indispensável de sua existência era, como é agora, a existência de hordas de seres humanos — seres humanos tão abundantes que se tornassem baratos, e tão baratos que naturalmente fossem condenados à ignorância. Sobre a rocha de uma maternidade não iluminada e submissa foram fundadas; sobre o produto de tal maternidade elas floresceram[2].

Este é um trecho do livro *Woman and the New Race*, de Sanger, publicado em 1920. O título do capítulo é revelador: "O erro da mulher e sua dívida". O erro? Ter muitos bebês, a causa de todos os problemas do mundo. A dívida? Refazer o mundo, "libertando-se das cadeias de sua própria

---

2   Margaret Sanger, *Woman and the New Race*, Brentano, Nova York, 1920.

reprodutividade". Sanger não acha apenas que as mulheres são oprimidas por sua biologia; ela também as acusa de perpetuar o mal. A tirania não é mais culpa do tirano; são as mães que devemos condenar. A fecundidade feminina torna-se, assim, o bode expiatório da opressão da mulher, bem como de tudo o que há de errado com o mundo.

O movimento de controle de natalidade nos Estados Unidos, fundado por Sanger, era retumbantemente eugenista. Pode-se ver isso claramente nos próprios escritos de Sanger. Em última análise, ela não está preocupada com o bem-estar das mulheres individualmente, embora isso com certeza seja parte de seu projeto. Seu objetivo final consiste em purgar a terra de seres humanos inaptos, aquelas "vidas sem sentido e sem objetivo que abarrotam este nosso mundo [...], ainda que não tenham feito um mínimo que seja pelo progresso [...] da raça humana. Suas vidas são repetições sem esperança [...]. Essas ervas daninhas humanas obstruem o caminho, drenam as energias e os recursos desta pequena terra"[3]. Felizmente, as visões eugenistas de Sanger são repugnantes para a maioria dos ouvidos modernos, mas sua visão do controle de natalidade como panaceia global tornou-se inquestionável. No entanto, em sua época, o início do século XX, o que se dava era o contrário: as visões eugenistas eram amplamente aceitas, principalmente entre a elite, enquanto a questão do controle de natalidade ainda era controversa.

Sanger iniciou seu ativismo em 1914, publicando um boletim informativo no qual promovia a contracepção com o *slogan*: "Sem deuses, sem mestres" — um lema que foi adotado pelos anarquistas antifascistas de hoje. Em 1916, ela abriu a primeira clínica de controle de natalidade nos Estados Unidos e, no início da década de 1920, fundou a

---

3 Alexander Sanger, "Eugenics, Race, and Margaret Sanger Revisited: Reproductive Freedom for All?", *Hypatia* 22, n. 2, 2007, p. 215.

primeira versão do que se tornaria a Planned Parenthood: a American Birth Control League. Em 1929, Sanger estava fazendo *lobby* junto ao governo dos Estados Unidos para legalizar a contracepção. Graças aos esforços de Sanger, métodos contraceptivos foram prontamente disponibilizados, não obstante fossem ainda proibidos. Sanger popularizou com sucesso o termo "controle de natalidade", que se tornou popular no vernáculo americano. No início da década de 1950, ela colaborou com Katharine McCormick e Gregory Pincus na elaboração da primeira pílula anticoncepcional hormonal, aprovada pela FDA em 1957.

Ler os escritos de Sanger é uma montanha-russa emocional. Por um lado, sua retórica hiperbólica expõe problemas sociais muito reais. Ela está certa em ficar furiosa com as milhares de mulheres que se sentiam compelidas a buscar abortos ilegais; está certa em criticar uma sociedade que coloca as mulheres nessa posição horrível. Compartilho de seu desgosto pela guerra, pela tirania, pela opressão. No entanto, sua análise desses problemas é repulsiva. Ela culpa os corpos das mulheres e desumaniza os seres humanos que, em sua opinião, não ajudam no "progresso [...] da raça". Essa perspectiva está em sintonia com a triunfalista narrativa progressista da época.

Todas as religiões axiais, incluindo antigas escolas filosóficas como o estoicismo e o confucionismo, afirmam a necessidade de regular o desejo para viver de acordo com a natureza — tanto com nossos corpos quanto com toda a criação. O progressismo iluminista, em contraste, objetifica a natureza como uma força a ser controlada. *Controle*: essa é a pedra angular da ideologia de Sanger[4]. Não se trata

---

[4] Baseio-me aqui no trabalho da teóloga Angela Franks, que corretamente caracteriza Sanger como a proponente de uma ideologia do controle. Cf. Angela Franks, "A Life of Passion: Progressive Eugenics and Planned Parenthood", *Public Discourse*, 4 de janeiro de 2021.

de controle sobre nossas paixões e desejos destrutivos — um ideal que Sanger chama de "absurdo"[5]. Trata-se, antes, de um controle sobre a biologia, sobre a própria natureza. A visão de progresso de Sanger é uma inversão da sabedoria antiga. Em vez de controlar nossa vontade e procurar viver em harmonia com a natureza, contorcemos a natureza para que nossa vontade tenha livre curso.

O segundo sexo, de Simone de Beauvoir, escrito em 1949, ecoa muitas das visões de Sanger, atraindo-as para uma estrutura existencialista mais sofisticada. Como Sanger, Beauvoir vê as mulheres como seres escravizados pela biologia. Como Sanger, Beauvoir afirma que a verdadeira liberdade só pode existir numa utopia socialista, que permita às mulheres controlar seus corpos com métodos contraceptivos e aborto. Ambas implicitamente esculpem sua visão da liberdade de acordo com o ideal masculino. As mulheres só podem encontrar a verdadeira liberdade tornando-se o mais parecidas possível com os homens. A influência direta de Simone de Beauvoir sobre Betty Friedan, a arquiteta da segunda onda, ajuda a forjar uma aliança inabalável entre a ideologia do controle e o movimento feminista.

No espaço de algumas décadas, Margaret Sanger provocou uma revolução, uma surpreendente reviravolta nos costumes e sentimentos culturais. Quando Sanger começou seu trabalho defendendo o controle da natalidade como salvação da humanidade, foi vista como uma radical. Suas opiniões sobre o controle de natalidade estavam em desacordo com a sociedade de sua época, mesmo com a maioria das feministas. No final de sua vida, esses pontos de vista se tinham tornado padrão, até mesmo respeitáveis, na sociedade em geral, sendo totalmente adotados pelas feministas da segunda onda. A partir da década de 1960, as feministas seguiram os passos

---

5 Sanger, *Woman and the New Race*, cap. 4.

de Sanger e Beauvoir, identificando a origem da opressão das mulheres em sua biologia e defendendo uma visão de "saúde" que patologiza a fertilidade feminina.

Patologizando a feminilidade

O golpe cultural de Sanger foi bem-sucedido porque ela conseguiu alistar os médicos ao seu lado. O controle de natalidade passou a ser apresentado como uma questão de "saúde reprodutiva", numa associação que só se fortaleceu com o tempo. Pense na designação comum para a contracepção hormonal: "a pílula" — não são necessários mais detalhes, como se houvesse um único remédio mágico de que as mulheres necessitam para garantir sua saúde e liberdade.

Que "distúrbio" requer essa intervenção médica? A função normal do corpo da mulher. Afinal, corpos femininos saudáveis são férteis. Aqui, subjacente à designação da pílula como o fulcro da saúde da mulher, há um pressuposto preocupante: as mulheres, para serem "saudáveis" e "livres", devem funcionar, biologicamente falando, tão igual aos homens quanto possível. Os escritos de Sanger explicitam sua visão de que a fecundidade feminina não é natural e boa, mas *patológica* — uma doença perigosa que precisa ser tratada e controlada. Essa visão tornou-se arraigada em nossa cultura. Acesso ao controle de natalidade e aborto são quase sinônimos de "saúde reprodutiva", um termo inteligente que soa pró-mulher, mas na verdade patologiza as realidades biológicas naturais que são exclusivas das mulheres, ou seja, a fertilidade, a gravidez e o parto.

O termo "saúde"[6] tem duas raízes etimológicas: uma palavra em inglês antigo que significa "totalidade" e uma

---

6 Aqui a autora analisa a etimologia da palavra *health*, "saúde" em inglês — NT.

palavra em nórdico antigo que significa "santo ou sagrado". Saúde é a integridade que existe quando a ordem e a harmonia do corpo estão em boas condições de funcionamento, quando tudo está funcionando como deveria. O trabalho de cura, então, é *uma restauração da integridade*. Há algo sagrado nessa mesma harmonia e ordem, em restaurar os processos naturais do corpo. Uma visão cristã da saúde da mulher é aquela que enxerga a fisiologia feminina nos termos da totalidade em vez de em termos patológicos, trabalhando com a ordem natural do corpo feminino e não contra ela.

Essa perspectiva está em completo desacordo com o feminismo dominante e o *establishment* médico, que abraçaram o paradigma da patologia. Os métodos anticoncepcionais mais utilizados e prescritos, como os hormônios sintéticos e/ou o dispositivo intrauterino (DIU), funcionam interrompendo as funções normais do sistema reprodutivo da mulher, fazendo-o intencionalmente *defeituoso* a fim de evitar a gravidez. Não surpreende que a interrupção de um sistema orgânico possa perturbar o equilíbrio de todo o organismo, levando ao aumento dos riscos de doenças graves.

De acordo com o *National Cancer Institute*, uma metanálise de 54 estudos concluiu que as mulheres que usam contraceptivos orais têm um risco 24% maior de desenvolver câncer de mama[7]. Um estudo dinamarquês de 2017 indicou que mulheres com uso atual ou recente de contraceptivos orais corriam, em geral, um risco 20% maior de câncer de mama; a depender do tipo específico de pílula, esse risco poderia chegar a 60%[8]. Além disso, o risco de câncer de mama aumentava com o prolongamento do uso de contraceptivos

---

7   Consulte "Oral Contraceptives and Cancer Risk", National Cancer Institute, atualizado pela última vez em 22 de fevereiro de 2018.
8   LS Mørch *et al.*, "Contemporary Hormonal Contraception and the Risk of Breast Cancer", *New England Journal of Medicine* 377, n. 23, 2017, pp. 2228-39.

orais. O estudo dinamarquês é particularmente notável porque se concentra em formulações recentes da pílula em vez de versões antigas, cujas doses de hormônios sintéticos eram mais altas. Também se demonstrou que o uso de contraceptivos orais aumenta o risco de câncer no colo do útero — quanto mais tempo de uso, maior o risco. Com cinco anos ou menos de uso, o aumento do risco é de 10%. Com cinco a nove anos, esse risco aumenta para 60%, multiplicando-se novamente com dez anos de uso ou mais[9].

Por outro lado, o uso de contraceptivos orais realmente *reduz* o risco de câncer de endométrio e ovário em pelo menos 30%[10]. Essa relação faz com que os riscos anulem um ao outro? É uma interpretação possível. O valor protetor contra o câncer de ovário deve-se a uma redução nas ovulações gerais e nos períodos menstruais que a mulher experimenta em sua vida. Mas essa redução pode ser realizada *naturalmente* pelos processos de gravidez, parto e lactação, os mesmos processos que a pílula tenta suprimir. A gravidez e a amamentação, de fato, não apenas reduzem o risco de câncer de ovário e endométrio; elas também reduzem o risco de câncer de mama. Um histórico de amamentação, ademais, aumenta as taxas de sobrevivência de mulheres que desenvolvem câncer de mama. Evitar contraceptivos orais e experimentar os processos fisiológicos normais de gravidez, parto e lactação, portanto, fornecem a combinação ideal: propiciam um risco reduzido de câncer em geral.

O controle de natalidade por via hormonal também pode causar estragos no bem-estar mental e emocional da mulher. A pílula aumenta o risco de depressão, segundo um estudo de 2016 com mais de um milhão de mulheres que vivem na

---

[9] J. S. Smith *et al.*, "Cervical Cancer and Use of Hormonal Contraceptives: A Systematic Review", *Lancet* 361, n. 9364, 2003, pp. 1159-67.
[10] K. A. Michels *et al.*, "Modification of the Associations between Duration of Oral Contraceptive Use and Ovarian, Endometrial, Breast, and Colorectal Cancers", *JAMA Oncology* 4, n. 4, 2018, pp. 516-21.

Dinamarca[11]. O risco, na verdade, era maior com formas de contracepção baseadas apenas em progesterona, incluindo o DIU: "O fato de o DIU estar particularmente associado à depressão em todas as faixas etárias é especialmente significativo, pois tradicionalmente os médicos aprendem que o DIU age apenas localmente e não tem efeito sobre o resto do corpo. Isso é claramente impreciso"[12]. O risco de depressão era mais elevado entre as adolescentes, um grupo demográfico cuja saúde mental está hoje em grave crise.

Esses aumentos nos riscos de condições debilitantes, como câncer e depressão, trombose e derrame, são acompanhados de outros efeitos colaterais comuns: enxaquecas, ganho de peso, diminuição da libido, alterações de humor... Não é de admirar que muitas mulheres abandonem seu método de controle de natalidade artificial depois de vários anos. De acordo com o projeto CHOICE, um estudo de coorte com 10 mil mulheres entre 14 e 45 anos, "69% das mulheres que optaram por contraceptivos orais, injeção, anel vaginal ou adesivo cutâneo desistiram desses métodos depois de três anos"[13]. Mesmo o DIU, que parece comparativamente melhor, tem taxas de abandono de cerca de 50% em cinco anos, em grande parte devido a efeitos colaterais como sangramento ou dor, ou então porque o DIU acabou por perfurar o útero e foi expelido do corpo. Essas estatísticas demonstram de maneira inequívoca a insatisfação generalizada das mulheres com os métodos de controle de natalidade disponíveis, desmentindo a linha triunfalista de que a contracepção é a chave de ouro para a saúde e a liberdade reprodutiva das mulheres.

---

11 C. W. Skovlund, L. S. Mørch e L. V. Kessing, "Association of Hormonal Contraception with Depression", *JAMA Psychiatry* 73, n. 11, 2016, pp. 1154-62.
12 Monique Tello, "Can Hormonal Birth Control Trigger Depression?", *Harvard Health Blog*, 1º de outubro de 2019.
13 Maya Dusenbery, "Why Women — and Men — Need Better Birth Control", *Scientific American*, maio de 2019, p. 44.

Há ainda outra camada do problema: a prática médica de interromper o ecossistema hormonal da mulher para suprimir a ovulação — ou tratar qualquer doença reprodutiva — não se baseia em boa ciência. Em 2019, *a Scientific American* publicou um relatório especial sobre a saúde reprodutiva das mulheres. Como esperado, o relatório se esforça para afirmar o clichê — a contracepção torna as mulheres livres! —, mas apenas como uma ressalva. A maior parte do relatório tece críticas surpreendentes à atitude entusiástica do *establishment* médico em relação ao controle de natalidade e discute como esse entusiasmo pode ser um obstáculo para a saúde das mulheres. O relatório acusa os médicos de "empunhar hormônios sintéticos como um martelo, prescrevendo liberalmente a pílula anticoncepcional para todos os tipos de dor"[14]. Esse entusiasmo desajeitado pode realmente obscurecer a natureza de uma doença subjacente, entre elas a endometriose, que leva em média oito anos para ser diagnosticada[15].

O primeiro artigo do relatório, cujo título pode ser livremente traduzido como "Qual é a função do ciclo menstrual?", destaca a escassez de conhecimento entre os médicos sobre as funções naturais do sistema reprodutivo feminino e seus ciclos, em particular o ciclo menstrual. Na pressa por oferecer a chamada "liberdade reprodutiva" às mulheres, aqueles pioneiros da pílula anticoncepcional — Margaret Sanger, Gregory Pincus, John Rock — "parecem ter ignorado as implicações de interromper o ciclo natural da mulher. Descobriram como suplantar a menstruação muito antes de começarem a tentar entender por que a menstruação funciona do modo como funciona"[16].

---

14 Clara Moskowitz e Jen Schwartz, "Fertile Ground", *Scientific American*, maio de 2019, p. 31.
15 Moskowitz e Schwartz, "Fertile Ground".
16 Virginia Sole-Smith, "The Point of a Period", *Scientific American*, maio de 2019, pp. 35--36.

Para a maioria no meio médico, a pílula é vista e prescrita como uma varinha mágica para todos os tipos de problemas físicos e irregularidades. Elizabeth Kissling, professora de estudos femininos e de gênero na Eastern Washington University, discorda disso: "A pílula não é um tratamento [para irregularidades menstruais], mas uma maneira de se recusar a tratá-las... Os médicos se apressam em prescrever a droga para adolescentes que relatem cólicas fortes, sem investigar a possibilidade de que haja uma causa subjacente". Assim como Kissling, fico preocupada com a tendência de prescrever a pílula para supressões de longo prazo, sem um conhecimento adequado das possíveis ramificações. Essa prática, diz Kissling, é "o maior experimento médico não controlado em mulheres na história"[17]. Qual é a alternativa? O trabalho de Sanger, por mais falho que fosse, reconhecia que as mulheres pobres e proletárias frequentemente se viam em circunstâncias desesperadoras. Eu deslocaria a culpa, que ela põe principalmente na fertilidade feminina: culparia, antes, a falta de apoio social a essas mulheres, a noção cultural de que as mulheres sempre deveriam estar sexualmente disponíveis para os homens e a consciência limitada sobre o ciclo de fertilidade da mulher. As mulheres da época de Sanger não tinham acesso aos tipos de ferramentas e conhecimentos disponíveis hoje — conhecimento que, infelizmente, ainda não se disseminou na profissão médica ou entre as próprias mulheres. Prescreve-se rotineiramente, a mulheres e meninas, medicamentos que suprimem seus ciclos naturais, mas elas raramente são instruídas sobre como entender melhor e "ler" esses ciclos. E as coisas não precisam ser assim.

De acordo com um estudo de 2012, as três principais características que as mulheres desejam num método de

---

17 Sole-Smith, "The Point of a Period", pp. 39-40.

controle de natalidade são (1) eficácia, (2) ausência de efeitos colaterais e (3) acessibilidade[18]. O estudo conclui que "essa combinação não existe". Na verdade, isso acontece nas formas naturais de controle de natalidade, conhecidas como Métodos de Conscientização da Fertilidade (MCF) ou, nos círculos católicos, Planejamento Familiar Natural (PFN). De acordo com o relatório da *Scientific American,* os MCF's são os únicos métodos de controle de natalidade "cuja popularidade está em ascensão"[19].

Como o próprio nome indica, os MCF's funcionam capacitando as mulheres a identificar os ciclos de sua própria fertilidade. São muitos os métodos e muitas as combinações de indicadores de fertilidade, como a temperatura corporal basal, o muco cervical e os hormônios de rastreamento, entre eles o estrogênio, a progesterona e o hormônio luteinizante que desencadeia a ovulação. Os MCF's não têm efeitos colaterais fisiológicos, uma vez que não procuram perturbar o sistema reprodutivo da mulher; em vez disso, sintonizam as mulheres com seus corpos, a fim de que possam fazer escolhas sexuais mais conscientes. Os MCF's também são geralmente mais acessíveis, dependendo de quanta tecnologia avançada alguém escolha usar, pois não exigem prescrições ou procedimentos médicos contínuos. Também podem ser muito eficazes, como vários estudos revisados por pares demonstram[20]. As conclusões desses estudos revelam que os MCF's, quando usados adequadamente, são tão

---

18 Dusenbery, "Better Birth Control", p. 44.
19 *Idem*, p. 47.
20 Eis apenas dois exemplos: um estudo de 2008 sobre o Método Marquette encontrou uma taxa de eficácia de 99,4% quando de sua aplicação correta. Cf. Richard Fehring *et al.*, "Efficacy of the Marquette Method of Natural Family Planning", *The American Journal of Maternal/Child Nursing* 33, n. 6, 2008, pp. 348-54. Mais recentemente, um estudo de março de 2019 sobre a eficácia do aplicativo de conscientização de fertilidade *Dot* detectou uma falha de 1% quando de seu uso perfeito e uma falha de 5% quando de uso típico. Cf. Victoria Jennings *et al.*, "Perfect-and Typical-Use Effectiveness of the Dot Fertility over 13 Cycles: Results from a Prospective Contraceptive Effectiveness Trial", *The European Journal of Contraception & Reproductive Health Care* 24, n. 2, 2019, pp. 148-53.

ou *mais* eficazes do que os métodos artificiais de controle de natalidade.

Os MCF's exigem, como o nome sugere, uma *consciência elevada e ativa* dos processos corporais por parte das mulheres. Não se trata de uma forma passiva de controle de natalidade, como tomar uma pílula uma vez por dia ou inserir um pedaço de metal no útero — e isso, a meu ver, está longe de ser uma coisa ruim. Quanto mais consciente a mulher estiver de seu padrão cíclico normal, mais cedo perceberá se algo está errado, algo que *realmente* exija atenção médica (ao contrário, digamos, do mero fato de ser mulher). Para ser eficaz como método de controle de natalidade, os MCF's exigem mudanças comportamentais. A abordagem católica, o Planejamento Familiar Natural, recorre à abstinência periódica, que requer um compromisso ativo e participação tanto do homem quanto da mulher. No PFN, as exigências do método recaem sobre o casal, que colocam à prova seu autocontrole e a disposição de se sacrificarem um pelo outro. A responsabilidade da fecundidade não cabe apenas à mulher.

A principal distinção entre os métodos sintéticos de controle de natalidade e os MCF's é esta: naqueles, procura-se prevenir a gravidez alterando a fisiologia da mulher para que ela funcione mal e deixe de fazer o que foi projetada para fazer. Os MCF's podem ser usados para evitar ou conseguir a gravidez por meio de uma compreensão mais profunda da fisiologia feminina, o que permite que a mulher adapte seu comportamento para harmonizá-lo com sua fisiologia. Em resumo: ou trabalha-se alterando as funções normais do corpo da mulher, ou trabalha-se capacitando-a com maior conhecimento corporal.

Apesar da contínua retórica sobre a liberdade, a autonomia e a capacidade feminina de agir, parece haver uma forte relutância entre os médicos em confiar *mais* na capacidade de ação das mulheres quando se trata de planejar a gravidez. Pessoalmente, nunca ouvi de um profissional médico a sugestão de empregar MCF's como opções viáveis de controle de natalidade. Quando me interessei pelo controle de natalidade natural, fui instruída por outras mulheres e por meio de pesquisas independentes. Toda conversa que tive com médicos sobre minha opção por usar MCF's invariavelmente resultou em pressão para mudar para a pílula ou o DIU. Os médicos têm uma óbvia preferência por alterar clinicamente o sistema reprodutivo da mulher em vez de acreditar em que ela será capaz de ler a própria fertilidade e, munida desse conhecimento, fazer escolhas comportamentais para conseguir ou evitar uma gravidez.

Lembro-me de uma conversa que tive poucas horas após o nascimento do meu terceiro filho. Uma médica cheia de entusiasmo entrou no meu quarto do hospital para me dar os parabéns... e imediatamente depois passou a me questionar sobre meus planos quanto ao controle de natalidade. A mensagem implícita e conflitante parecia ser: "Parabéns pelo nascimento desse lindo bebê! Como você deve estar feliz! Agora: o que podemos fazer para garantir que *isso nunca mais aconteça*?" Ela não ficou feliz quando eu disse que usaria métodos naturais de controle da fertilidade e reagiu fazendo uma leve pressão para que eu levasse comigo, quando tivesse alta, uma receita de anticoncepcional hormonal.

Eu abomino essas interações pós-parto, com a previsível instrução médica de consumir hormônios sintéticos antes mesmo de meus ciclos recomeçarem. Muitas vezes, quando discuto MCF's com médicos, sou ouvida com ceticismo e desaprovação, como se estivesse praticando o arcaico método da tabelinha, em vez de técnicas cientificamente sofisticadas e precisas para mapear meu padrão cíclico único. Posso dizer que minha recusa em suprimir minha fertilidade e minha falta de prontidão em substituir minha capacidade de ação e autoconhecimento por intervenções médicas os deixam incomodados.

O paradigma médico atual, aclamado pela maioria das feministas, patologiza a fertilidade feminina, vendo o potencial de gravidez como uma condição adversa a ser manejada medicamente. Esse manejo médico agride a integridade do corpo da mulher em vez de restaurá-la e, dessa forma, mostra-se em desacordo com a definição básica de saúde. Uma visão católica da saúde da mulher e do planejamento familiar, em contraste, educaria os médicos e as próprias mulheres nos métodos de conscientização da fertilidade, os quais trabalham em harmonia com o corpo feminino, e não contra ele. Essa visão, em contraste com aquela, trata a fertilidade como um aspecto positivo da saúde da mulher; não vê seu corpo como uma ameaça à liberdade e felicidade dela mesma, mas como algo *bom,* digno da compreensão e do respeito mais profundos.

Em desacordo com a realidade

O uso endêmico de anticoncepcionais hormonais pode não ser bom para a saúde das mulheres, mas é bom para a sociedade?

Segundo Sanger, as mulheres devem assumir a culpa e a responsabilidade pelos males sociais, tornando-se mártires redentores para o bem de todos. Embora acredite que o controle de natalidade levará à emancipação das mulheres, ela parece mais focada em algo mais amplo: na utopia eugênica que, como ela supõe, o controle de natalidade criará.

Infelizmente, Sanger está errada em ambas as frentes: a contracepção não é boa para as mulheres e não é boa para a sociedade. Vivemos agora num estado permanente de dissonância. Nossa imaginação cultural comum, bem como as normas e expectativas moldadas por esse entendimento, estão em desacordo com a realidade. Agora pensamos no sexo como uma *atividade recreativa,* e não *procriativa.* A conexão entre sexo e a possibilidade de uma nova vida foi rompida. Vemos as mulheres, e as mulheres veem a si mesmas, como seres naturalmente estéreis. A gravidez é muitas vezes encarada como um acidente sexual, um caso de sexo com consequências indesejadas, em vez do próprio resultado que a relação sexual foi projetada para trazer. O potencial de procriação do sexo é visto como um interruptor que pode ser acionado se desejado, mas cuja posição-padrão é "desligado".

Existem inúmeras consequências dessa presunção da esterilidade feminina. Entre elas está o fato de que a taxa de abortos, na verdade, *aumenta.* Sanger esperava que o controle de natalidade erradicasse o aborto e o infanticídio. Acreditava que, em sua utopia contraceptiva, "não haverá morte de bebês no útero por aborto"[21]. Mas o que se deu foi o contrário. A própria organização que constitui o legado de Sanger, a Planned Parenthood, atualmente realiza cerca de 350 mil abortos por ano. Tão logo a pílula anticoncepcional foi legalizada nos Estados Unidos, as taxas de aborto dispararam. Em 1965, ano em que o controle de natalidade foi regulamentado, a quantidade de abortos realizados era de 794. Apenas cinco anos depois, esse número tinha chegado a 193.491. Em uma única década, 1.034.200 abortos foram realizados anualmente nos Estados Unidos. De menos para mil a mais de um milhão: ou seja, um aumento de 130.152% em dez anos. Mesmo se presumirmos que os casos de aborto em 1960 eram subnotificados, permanece inegável que os abortos aumentaram

---

21 Sanger, *Woman and the New Race,* cap. 18.

drasticamente quando os métodos contraceptivos passaram a ser utilizados em larga escala[22].

Este aumento de abortos após a legalização do controle de natalidade é contraintuitivo. Eu mesma, a exemplo da maioria das pessoas, já achei que a contracepção seria a melhor maneira de diminuir os abortos. De certa forma, essa ideia tinha um por quê. Assim que uma sociedade se torna contraceptiva, o aborto aumenta radicalmente, como mostra o exemplo dos Estados Unidos acima; no caso da União Soviética, no entanto, o aumento da disponibilidade de contraceptivos *reduziu* vertiginosamente a taxa de abortos, que, em 1988, ultrapassava a de partos bem-sucedidos.[23] A explicação disso é a seguinte: na época em que a URSS se tornou uma sociedade contraceptiva, o método padrão de controle de natalidade era o aborto. Uma vez que apareceu um método alternativo, as taxas de aborto caíram.

Nos Estados Unidos, contudo, o aborto funcionava como uma alternativa, uma forma secundária de controle de natalidade empregada quando a contracepção falhava. A maneira mais precisa de caracterizar a dinâmica entre contracepção e aborto, então, é esta: quando uma sociedade normaliza a contracepção, a taxa de abortos aumentará drasticamente. No entanto, em uma sociedade já contraceptiva, o uso de contraceptivos pode manter a taxa de aborto estável ou até reduzi-la ligeiramente. Nos Estados Unidos, por exemplo, a taxa de aborto atingiu seu pico em 1990, com 1.608.600 ocorrências; em seguida começou a se estabilizar, caindo para uma taxa atual de cerca de 850 mil abortos por ano.

---

22 Esses dados são do site Historical Abortion Statistics, que se baseia em várias fontes, incluindo o CDC e o Instituto Guttmacher, que já foi afiliado da Planned Parenthood. Cruzei esses dados com o CDC e constatei que eram dados precisos. Cf. Wm. Robert Johnson, "Historical Abortion Statistics, United States", modificado pela última vez em 14 de janeiro de 2020.
23 A. A. Popov, "Family Planning in the USSR. Sky-High Abortion Rates Reflect Dire Lack of Choice", *Entre Nous* 16, 1990, pp. 5-7.

Este ainda é, no entanto, um salto astronômico (106.953%) em relação aos números anteriores à pílula, em 1965. No geral, portanto, a normalização da contracepção — o *pressuposto-padrão da esterilização feminina* — aumenta muito os abortos.

Por que isso acontece? Porque a contracepção faz uma promessa que nem sempre é capaz de cumprir. A promessa? A de que uma mulher fértil pode fazer sexo sem engravidar. A realidade é que todos os métodos de controle de natalidade têm taxas de falha; e, quando um método falha, a fantasia comum do sexo esterilizado escorrega na realidade. Uma mulher que se veja nessa posição, sentindo-se traída por um corpo funcional, muitas vezes buscará o aborto. É o plano B: quando os métodos contraceptivos não cumprem sua promessa, o aborto é convocado para resolver a situação.

Aqui há outra camada de complexidade: a mudança na autopercepção das mulheres. Quando participei daquele seminário de uma semana com a filósofa Luce Irigaray, havia outras dez doutorandas de todas as partes do mundo. Vínhamos de uma variedade de áreas, e cada uma de nós apresentou sua pesquisa de doutorado, ao que se seguiram o *feedback* de Irigaray e um debate com os demais membros da turma. O trabalho de uma pesquisadora em particular me marcou. Tratava-se de uma médica britânica que queria entender por que tantas de suas pacientes acabavam engravidando. Aquelas mulheres estiveram tomando anticoncepcionais prescritos pela própria médica — e muitas delas já eram mães, presumivelmente bem cientes das realidades da gravidez. Ainda assim, apareciam em seu escritório com gestações não planejadas. A pesquisadora supunha que suas pacientes pareciam ter "pensamentos mágicos" sobre os métodos contraceptivos, mas ainda não entendia o porquê.

Eu tinha vinte e poucos anos na época; era casada e tomava, com certa relutância, anticoncepcionais hormonais. Digo com relutância porque, por um lado, acreditava que, para seguir uma carreira acadêmica, precisava me manter livre da gravidez por tempo indeterminado. Por outro, também sabia que o anticoncepcional me deixava irritada, diminuía minha libido e aumentava o risco de câncer de mama, frequente na minha família. Os resultados da pesquisa dessa médica indicavam que também eu estava propensa a esse "pensamento mágico". Lembro-me de nossa sessão de discussão: um círculo de acadêmicas jovens, feministas e intrigadas, especulando por que havia mulheres que tomavam anticoncepcionais, mas ainda assim ficavam grávidas. Girávamos nossos teares teóricos completamente alheias à causa mais óbvia: o controle de natalidade em si.

Anos mais tarde, depois de me tornar católica e me permitir questionar os supostos benefícios de meus muitos anos de pílula, pude identificar o que chamo de paradoxo contraceptivo: *um dos efeitos do uso da contracepção é a consciência reduzida da "necessidade" da contracepção.* Noutras palavras, o uso de métodos passivos de controle de natalidade — aqueles que funcionam sobre a fisiologia da mulher sem sua atenção consciente — altera a percepção da mulher de si mesma como ser fértil, fazendo-a cultivar, em vez disso, a percepção da esterilidade presumida. Essa alteração na autoconsciência pode influenciar as escolhas e as ações das mulheres. Por exemplo, se eu me considero estéril, talvez tenha mais chances de me envolver em um comportamento sexual casual e arriscado, desinibido pela perspectiva de consequências a longo prazo. Talvez também tenha mais chances de esquecer de tomar a pílula, o que certamente me aconteceu várias vezes. Essa consciência reduzida da fertilidade, de fato, pode aumentar os índices de falha, contribuindo para a surpreendente taxa de gravidez não planejada nos Estados Unidos, a qual persiste apesar do uso generalizado de métodos contraceptivos[24].

Sexo do consumidor

Graças à normalização da mentalidade contraceptiva, apagamos a fertilidade de nossa consciência. Isso mudou — como não mudaria? — nossa compreensão comum do propósito do sexo, o que por sua vez alterou nosso comportamento. Não se pode mais esperar a continência em nome de um bem maior. Por *continência*, não estou sugerindo uma fuga vitoriana para longe do corpo e da sexualidade, mas apontando para ainda mais longe, para os filósofos antigos, que reconheciam, todos, que a felicidade pode ser encontrada no exercício da virtude e do equilíbrio — hábitos cultivados que nos libertam de sermos escravos de nossos apetites.

Enquanto digito esses pensamentos, me vem à mente uma imagem tirada de um arquivo banal de memórias recentes. Estou num avião que acabou de pousar, fazendo fila no corredor com todos os outros passageiros. Bem na minha frente está um homem de cabelos grisalhos, provavelmente na casa dos sessenta, ligando o celular como todo mundo. Em vez de acessar o aplicativo de mensagens ou o e-mail, ele abre um aplicativo de encontros. Eu uso a palavra "encontros", mas está claro que isso é eufemismo. Ele começa a arrastar a tela em busca de sexo. Rostos de mulheres piscam na tela do telefone; ele afasta a maioria delas após um olhar incrivelmente rápido. Sem ser percebida e sem disfarçar, espio por cima do ombro dele, e assim também as vejo: mulher após mulher,

---

[24] Atualmente, quase metade de todas as gestações nos Estados Unidos são indesejadas. Cf. "Unintended Pregnancy in the United States", Instituto Guttmacher, visitado pela última vez em 5 de outubro de 2021.

rosto após rosto, algumas com sorrisos brilhantes, outras hesitantes, esperançosas, algumas usando lábios e vislumbres de pele para tentar gestos sedutores. Ele pausa apenas nos rostos jovens, com metade de sua idade, apertando um botão com o polegar para arquivar aquelas mulheres para mais tarde. Penso em cada uma enquanto seu rosto passa pela tela. Penso em seu desejo de amor, de companheirismo, de ser vista, conhecida, olhada com adoração e respeito. Que mulher — que humano? — não quer isso? Somos feitos para o amor. É sempre isso o que buscamos. Enquanto vejo esse homem passar por dezenas de rostos, sinto uma lenta erupção de raiva e nojo nascer no meu estômago e chegar até minha garganta. Ele não está vendo aquelas mulheres como pessoas. Ele as está avaliando apressadamente, como possíveis recursos para seu apetite, como alguém que vasculha o menu do *drive-thru* em busca daquele hambúrguer que satisfará o paladar.

Seus gestos são insensíveis, sim; mas também frenéticos, compulsivos. Afinal, nem saímos do avião e ele já está caçando uma presa, como um tubarão circulando sem parar, incapaz de ficar imóvel por um instante. Ele não está no controle: está *sendo controlado*. Assim como sua luxúria obscurece a personalidade dos rostos em sua tela, também diminui a humanidade dele mesmo. Ao fazer dessas mulheres objetos, ele fez de si mesmo um animal.

Isso é o que o sexo se torna — o que *nos* tornamos — quando o sexo e a vida são isolados um do outro. O Papa Paulo VI previu isso em 1968, na encíclica *Humanae vitae*. Esta carta, que desafiou a opinião popular até então, foi a resposta definitiva da Igreja Católica à questão de se ela deveria seguir outros grupos cristãos na adoção da contracepção. A Igreja declarou que não. Como parte de sua resposta, Paulo VI fez várias previsões que agora soam como proféticas. Esta foi uma delas:

> É ainda de recear que o homem, habituando-se ao uso das práticas anticoncepcionais, acabe por perder o respeito pela mulher e, sem se preocupar mais com o equilíbrio físico e psicológico dela, chegue a considerá-la como simples instrumento de prazer egoísta, e não mais como a sua companheira, respeitada e amada[25].

Quando leio este trecho, penso naquele homem no avião, nos milhões de homens como ele e no desfile de rostos descartados em suas telas. Não precisamos conjurar uma imagem irreal, de um passado idealizado, para reconhecer que há algo de podre em nossa cultura. Não é que a exploração sexual das mulheres tenha sido inventada em 1965; trata-se de um mal antigo. Mas a separação entre o sexo e a vida o banalizou e nos banalizou, alimentando um paradigma sexual consumista, que alardeia a libertação enquanto nos escraviza.

Dentro do paradigma sexual de consumo, surge uma nova visão da pessoa humana, na qual a dignidade inata e a personalidade corporificada retrocedem e desaparecem em segundo plano. Esse paradigma constitui uma visão *instrumentalista*, em que a pessoa é vista como ferramenta, instrumento, como meio para os fins egocêntricos de outra pessoa. Quando falamos da objetificação sexual da mulher, estamos nos referindo a essa visão da pessoa que é transformada em objeto para uso de outra.

O único princípio moral orientador neste paradigma é o consentimento. Você, um agente livre, pode fazer o que quiser, desde que não ataque a liberdade do outro. Deixe-me ser clara: *consentimento é crucial*. A ênfase na importância do consentimento talvez seja a única característica boa desse paradigma. A tradição católica compartilha dessa ênfase no consentimento; a própria definição de casamento válido depende da livre escolha de cada parte, para citar apenas um

---

25 Paulo VI, Carta encíclica *Humanae vitae*, n. 17.

exemplo. O problema não está em que o consentimento seja um valor primário nessa visão, mas em que é o *único* valor. O consentimento deve ser o ponto de partida, e não o fim da discussão sobre a moralidade sexual. Não basta dizer que o melhor que podemos esperar do sexo, moralmente falando, é que não seja *estupro*.

O consentimento é uma plataforma precária e vazia sobre a qual se constrói toda uma ética sexual. Ele é incapaz de proteger da autodestruição e pouco capaz de proteger contra escolhas sutilmente, embora involuntariamente, coagidas. Por exemplo, pensemos numa mulher que vende sexo para sustentar seu vício em drogas. Pode-se dizer que ela escolheu essa profissão livremente? Isso a empodera? Uma estrela pornô que sofreu abuso sexual quando criança agora opta por reencenar, por dinheiro, a exploração de que foi vítima. Isso é bom? Com que frequência, afinal, nossas escolhas são inteiramente "livres"? Somente uma ética enraizada no valor *objetivo* da personalidade humana corporificada pode traçar limites claros contra o abuso e a exploração sexual.

Uma consequência do movimento *Me Too*, sem dúvida, foi a de revelar as falhas no paradigma consumista e a pobreza de uma moralidade sexual baseada puramente no consentimento. Esse movimento deixou claro que é possível ser maltratado e prejudicado por uma relação sexual tecnicamente consensual. A era da liberação sexual, para as mulheres, não tem sido tão libertadora quanto prometia.

Certa vez, apresentei esse argumento — o do tratamento da pessoa como *fim* em vez de *meio* — num seminário de graduação, e minhas alunas feministas que eram favoráveis à prostituição o rejeitaram imediatamente. "E se a mulher for garçonete num restaurante?", opuseram-se elas. "Você não está usando alguém como meio para atingir um fim quando o paga para lhe trazer um hambúrguer?" A diferença, eu disse a elas, é que, quando se trata de prostituição e exploração sexual, *a pessoa é o hambúrguer*. O que está sendo consumido e mercantilizado não é comida, mas o próprio corpo da profissional do sexo — ela mesma. De uma perspectiva antropológica cristã, o sexo não é apenas uma atividade corporal, mas uma união de pessoas inteiras. Isso torna o "trabalho" sexual único, distinto de outros tipos de trabalho físico.

Minhas alunas estavam raciocinando a partir de uma variante dualista da visão instrumentalista: uma visão que separa o eu do corpo, tornando possível objetificar o corpo enquanto se preserva um fantasma de personalidade enraizado apenas na vontade. Isto é consequência do antigo dualismo cartesiano: "Penso, logo existo". Em vez de destilar da individualidade a racionalidade, esse novo modo apresenta o eu desejante e autônomo: "Escolho, logo existo".

Todas as feministas rejeitariam fervorosamente o primeiro tipo de instrumentalismo: não objetifique e desumanize as mulheres! Mas aposto que a maioria dessas mesmas feministas abraçaria com o mesmo entusiasmo o instrumentalismo dualista, que anima o feminismo "sexo-positivo". Pornografia, sadomasoquismo, prostituição? Nada problemático aqui, contanto que a mulher opte por participar. Na verdade, pela pura alquimia de sua escolha, essas mesmas coisas se tornam uma fonte de libertação e, para empregar o clichê, empoderamento. Essa posição só é possível em razão da despersonalização do corpo, o que leva a uma percepção do corpo como um mecanismo, um aparato, um projeto inconcluso ao estilo *faça-você-mesma*.

Uma vez que se abstrai da individualidade a realidade material, e quando ela é caracterizada pela escolha irrestrita, o corpo humano, com suas limitações, imediatamente se torna um obstáculo a ser superado. O escritor Wendell Berry articula esse retrocesso em seu ensaio "Feminism, the

Body, and the Machine". Este poderoso parágrafo merece uma leitura atenta:

> De fato, nossa "revolução sexual" é sobretudo um fenômeno industrial, no qual o corpo é usado como uma ideia ou máquina de prazer, com o objetivo de "libertar" o prazer natural da sua consequência natural. A exemplo de qualquer outro empreendimento industrial, a sexualidade industrial procura derrotar a natureza, explorando-a e ignorando as consequências, negando qualquer conexão entre natureza e espírito ou corpo e alma, bem como fugindo da responsabilidade social. Os custos espirituais, físicos e econômicos dessa "liberdade" são imensos [...]. O sexo industrial tem sua liberdade e qualidade avaliadas segundo uma contabilidade industrial, que estima obedientemente o número de "parceiros sexuais", orgasmos e assim por diante, com a inevitável implicação industrial de que o corpo se torna de alguma forma um limite para a ideia do sexo, que será muito mais abundante assim que puder ser praticado por robôs[26].

A revolução industrial e a revolução sexual são ramos contíguos de uma mesma árvore retorcida, cujo fruto continuamos a consumir avidamente, atentos àquele distante sussurro: *tomai, comei e sereis como deuses.*

Autonomia como tentação

Quando a liberdade-como-escolha se torna o *telos* irrestrito da existência humana, o corpo rapidamente se torna um problema. Isso é especialmente verdadeiro para as mulheres, uma vez que nossa fisiologia fértil nos liga intimamente a outros corpos e ao resto da criação. Ao adotar esse *telos,* a marcha do feminismo rumo à liberdade fez-se, simultaneamente, fuga da corporalidade.

---

26 Wendell Berry, "Feminism, the Body, and the Machine", em *The Art of the Commonplace*, Counterpoint, Berkeley, CA, 2003, p. 76.

O ideal de autonomia tem sido central para o feminismo moderno desde seus primórdios, no século XIX. Elizabeth Cady Stanton, antecessora da primeira onda, construiu sua visão da libertação feminina sobre uma concepção do eu como ente solitário, continuamente suspenso num isolamento semelhante ao âmbar. A mulher vive sozinha, abandonada como Robinson Crusoé numa "ilha solitária", onde só ela é "árbitra de seu próprio destino". É esta a antropologia feminista de Stanton: a alma humana em completo isolamento, fazendo "sozinha a viagem da vida". Apesar de nossa profunda "fome de amor e reconhecimento", a natureza ensina a dura lição da "autodependência, da autoproteção, do autossustento". A imagem da vida e da personalidade sustentada por Stanton é sombria. Embora assinale, com razão, a irrepetibilidade de cada alma humana, isso é para ela mais motivo de desolação do que de espanto. Não há senso de comunidade, amor recíproco ou interdependência. Ela leva o que chama de "ideia protestante" do individualismo a um extremo lúgubre; somos mais como projéteis se afastando no espaço do que partes integrantes de um todo comum[27].

Com Sanger, esse ideal de autonomia se impõe concretamente ao corpo feminino, mas só é alcançável por meio do controle tecnológico. Como a fertilidade do corpo ameaça a autonomia, a conexão natural entre sexo e procriação deve ser rompida. Simone de Beauvoir retoma essa visão dualista e torna o projeto concreto de Sanger filosoficamente mais robusto. Uma tal sinergia entre o ativismo de base e a especulação realizada na torre de marfim garante que tanto a autonomia enquanto valor quanto a antropologia dualista permaneçam entrincheiradas na teoria e na práxis

---

[27] Elizabeth Cady Stanton, "The Solitude of Self", discurso proferido no Congresso norte-americano em 18 de janeiro de 1892.

feministas. Em última análise, isso acaba não por libertar as mulheres, mas por prejudicá-las.

Anos atrás, vi no Facebook o *post* de uma mulher falando sobre o porquê de ter se decidido por um aborto. Eu não a conhecia, mas suas palavras foram amplamente compartilhadas e acabaram por aparecer no meu *feed*. Aqui está o que ela escreveu:

> Tenho andado de um lado para o outro me perguntando se devo postar sobre isso, mas a situação pela qual estou passando é intensamente pessoal e profundamente dolorosa. É importante para mim, no entanto, me expor como exemplo do porquê se faz tão importante ter acesso seguro e imediato a serviços de aborto. Esta é a segunda vez, na minha vida, em que faço uso prolongado de anticoncepcional hormonal regular, mas mesmo assim engravidei. O sexo seguro e com proteção não é infalível. Estar com um parceiro amoroso, num relacionamento de longo prazo, não me faz querer ser mãe. E levar uma gravidez a termo simplesmente não é uma opção para mim, seja fisicamente, seja emocional ou financeiramente. Sinto que a mulher tem o direito de escolha em qualquer cenário... A autonomia corporal existe — e existe por uma razão.

Minha primeira reação ao ler essas palavras (na época e também hoje) foi de mágoa — diante dessa mulher que estava claramente em situação sofrida e problemática e diante da nova vida humana cujo valor fora examinado racionalmente. Também fiquei impressionada com a gritante ironia deste final: "A autonomia corporal existe — e existe por uma razão". A razão mesma pela qual essa mulher se vira em situação tão angustiante vem de que a autonomia corporal não existe para as mulheres da mesma forma como existe para os homens. As mulheres, por sua própria fisiologia, têm corpos abertos à vida, corpos que acolhem o outro antes que a vontade possa trancar-lhe a porta. Goste-se disso ou não, é isso o que os corpos das mulheres são projetados para fazer. Um homem pode fazer sexo até morrer de exaustão: ele nunca vai engravidar. Ele nunca terá de sofrer quanto a fazer um aborto ou não. É fértil, mas sua fertilidade não abre seu corpo para o corpo de outro. A autonomia corporal que essa mulher reivindica para si mesma não lhe é nativa, mas imposta — imperfeitamente, através da contracepção, e, quando esta falha, violentamente, mediante o aborto.

Esta postagem no Facebook e as milhões de experiências que ela representa revelam algo crucial: o ideal de liberdade sexual completa, de "autonomia corporal", é moldado a partir da corporalidade masculina como norma. Em última análise, portanto, esse ideal não passa de uma tentação para as mulheres, de uma promessa que não pode ser cumprida, uma promessa que esconde uma mentira. "Tome esta pílula", diz a serpente do novo milênio, "e sereis como homens". Mas uma mulher que toma a pílula ainda é uma mulher; e, quando a ilusão de autonomia desmorona, é ela — e seus filhos — que pagam o preço de sangue.

Uma ideologia que vê os seres humanos como átomos isolados colidindo uns com os outros no vazio é uma ideologia que leva inevitavelmente à divisão e à destruição. Qual seria o resultado de modelarmos nossa práxis a partir da norma da corporalidade feminina? Um *ethos* de interconexão e hospitalidade radical à vida? Um *ethos* construído sobre o valor da *integridade,* em vez da *autonomia* — uma integridade pessoal sinérgica, que se abre amorosamente para acomodar a integridade do outro? Pelas lentes da autonomia, a gravidez é uma ameaça, uma inadaptação. Por outro ângulo — aquele que vê a incorporação humana como parte integrante da personalidade e a pessoa como ícone do divino —, ela se torna um espelho vivo por meio do qual podemos vislumbrar as qualidades de Deus.

A mulher grávida é uma imagem daquele Amor que gera todas as coisas, o Amor em que vivemos, nos movemos e temos o ser. O eu solitário de Stanton está sozinho e abandonado, naufragado numa ilha de um homem só, "podendo contar somente consigo" para o alívio de "seus mais agudos sofrimentos". Isso é uma distorção. Na verdade, a alma humana, como uma criança no útero, nunca está sozinha. Ela é mantida continuamente no ser não por seu próprio esforço, vontade ou soberania, mas pelo Amor — o Amor que é o motor de toda existência, o Amor que assume uma figura humana para se tornar visível para nós. Este é o batimento cardíaco que jaz sob as coisas e que encontraremos se aprendermos a ouvi-lo. Não se trata do *rugido* desolado de um oceano, mas do *pulso* incansável de um coração em chamas.

*   *   *

A normalização da contracepção não apenas alterou as circunstâncias materiais das mulheres de forma complexa e contraditória, mas também inaugurou um novo paradigma conceitual, uma nova maneira de pensar sobre sexo, corporeidade e a própria feminilidade. Quando Einar Wegener se viu paralisado pela tentação de se tornar mulher — lembre-se: a tentação é uma promessa que não pode ser cumprida —, seu desejo incluía o de gerar uma nova vida. Quando Christine Jorgensen embarcou numa jornada semelhante, a meta se tinha deslocado. Para muitos, a feminilidade não estava mais enraizada numa realidade biológica, mas puramente social, ornamental. Ter a aparência e os modos de uma mulher típica parecia suficiente para que alguém *se tornasse* mulher.

A separação entre a união sexual e a procriação provocou a cascata de desconexão que nos trouxe ao caos do gênero. Alienaram-se sexo biológico e gênero, mulher e fêmea, homem e macho, corpo e vontade. Essas fraturas são conceituais e tecnológicas, facilitadas por tratamentos experimentais, hormônios e cirurgias que não foram rigorosamente estudados. É de admirar que os pais de hoje não hesitem em submeter seus filhos a hormônios sintéticos? Afinal, já fazemos isso com nossas filhas adolescentes há décadas. Este é apenas o capítulo mais recente da mesma história: a fragmentação da personalidade humana e o ataque ao corpo, tudo em nome da liberdade.

Sexo

O distópico romance *Admirável mundo novo* apresenta uma sociedade totalitária que separou completamente a reprodução humana da atividade sexual. Os seres humanos são produzidos em massa e projetados num sistema de castas; desde a infância, seus desejos são moldados e condicionados para mantê-los alegremente escravizados ao sistema social. Os bebês, naturalmente atraídos pela beleza do sol e das flores, são punidos com choques elétricos até desenvolverem uma aversão que os manterá "felizes" no ambiente industrial da cidade. Os adultos são embalados num estado de aquiescência pela droga eufórica *soma*, que proporciona uma falsa felicidade, um estado de prazer superficial que mais distrai do que preenche.

Um feito de engenharia social como esse depende de uma vitória total sobre a natureza — "natureza" não no sentido de um ambiente com árvores e abelhas, mas no sentido da natureza humana. Aldous Huxley não era cristão, mas o retrato que pinta é profundamente teleológico. O espelho escuro do *Admirável mundo novo* mostra que a pessoa humana não é uma lousa em branco, uma *tabula rasa* ao dispor da construção social. O regime tem de trabalhar contra uma natureza pré-social que continuamente ameaça reafirmar-se a si mesma. O estado do *Admirável mundo novo* quer impor seu próprio *telos* sintético; e, visto que o *telos* está ligado à natureza, o Estado deve trabalhar sem descanso contra a natureza humana, desfazendo sistemática e violentamente quaisquer laços duradouros de amor entre as pessoas, qualquer inclinação natural para a beleza e a integridade. O casamento foi erradicado, e qualquer forma de monogamia é ilícita. Não existem unidades familiares naturais ou de qualquer outro tipo — o termo "mãe" tornou-se uma obscenidade.

A distopia de Huxley me vem à cabeça frequentemente nos dias de hoje. Posso citar, por exemplo, o dia em que estava participando do que se tornou um ritual-padrão nos locais de trabalho do século XXI: um treinamento obrigatório de *compliance* ministrado pelo RH. No meu mundo ideal, o treinamento de *compliance* seria substituído por um simples e-mail enviado anualmente, dizendo: "Saudações. Este é o seu lembrete anual do RH: não seja idiota." Em vez disso, percorremos um longo e tedioso *tour* pelas muitas maneiras possíveis de ofender nossos colegas, um *tour* que fica mais longo e tedioso a cada ano, à medida que a lista de ofensas continua a crescer. O treinamento daquele ano, por exemplo, incluía uma diretriz que solicitava que deixássemos de associar gênero à biologia. "Diga 'pessoas grávidas'", exigia o slide alegremente, "em vez de 'mulheres grávidas'". Relendo incrédula esta apresentação, lembrei-me do *Admirável mundo novo*, em que a tecnologia havia derrotado a biologia e "mãe" havia se tornado palavrão. Quanto ao sexo, gênero e sexualidade, nosso mundo está muito próximo da distopia de Huxley. A frase "mulher grávida" é uma microagressão, um insulto, porque incorpora o pressuposto, agora transgressor, de que só as mulheres podem engravidar.

Como chegamos aqui? O que está sendo reescrito? O que foi desaprendido? Para responder a essas perguntas, devemos nos aprofundar nos conceitos de "sexo" e "gênero", mapear os significados cambiantes dessas palavras e reancorá-los na realidade. Esse será o foco dos dois capítulos seguintes, em que examinaremos com atenção o sexo biológico e o gênero, respectivamente.

Potencial essencial

Da segunda onda em diante, o feminismo não cessou de enfrentar o dilema de rejeitar e depender de uma definição estável de mulher. Por um lado, o próprio termo "feminismo" subentende um foco nas *fêmeas*. No entanto, o feminismo também foi marcado por uma profunda desconfiança em relação a uma compreensão universal e atemporal do que seria uma mulher.

Há boas justificativas para isso. Várias culturas e momentos históricos apresentam definições desumanizadoras da mulher, negando a elas direitos básicos e acesso à educação, sob o argumento de que as mulheres são intelectualmente deficientes e boas apenas para produzir bebês — idealmente, meninos. As feministas também apontam a dificuldade de encontrar uma definição suficientemente ampla para incluir todas as mulheres: qual é o denominador fundamental para o qual podemos apontar? Não podemos assinalar as características físicas, porque isso excluiria mulheres que fizeram histerectomia, mulheres que conseguem crescer uma barba, mulheres mais altas que o homem médio... Não podemos assinalar a maternidade, pois nem todas as mulheres são mães. Não podemos assinalar traços de caráter — compaixão, gentileza... — porque todos conhecemos mulheres que não manifestam esses traços.

Notou como essa linha de pensamento é circular? Estou rejeitando as definições de "mulher" alegando que elas não incluem *todas as mulheres*. Estou partindo do princípio, em minhas avaliações, de que existe um ser "mulher" e, depois, passo a buscar uma forma de articular exatamente o que distingue esse ser de outros seres. No que consiste este *o quê*, esta *quididade* da mulher?

A ideia de que todas as mulheres compartilham de alguma propriedade intrínseca que caracteriza a "feminilidade" é denominada *essencialismo*. Uma perspectiva essencialista afirma que homens e mulheres são fundamentalmente, ou essencialmente, diferentes. Isso não quer dizer que sejam opostos polares, diferentes em todos os sentidos, mas que há certa característica distintiva que todas as mulheres têm e todos os homens não, e vice-versa. Na teoria do gênero, o essencialismo é frequentemente contrastado com o sócio-construtivismo, que é a ideia de que não há diferenças entre homens e mulheres no nível do ser; quaisquer diferenças que percebamos são produtos da sociedade e da cultura.

O pensamento feminista, pelas razões descritas acima, é esmagadoramente antiessencialista; e, para escapar da tensão causada pela rejeição do essencialismo, de um lado, enquanto se conserva um movimento centrado na mulher, de outro, muitas feministas apelam para o *nominalismo*. O nominalismo — que evoca a noção de *nome* — é a ideia de que podemos agrupar as coisas apenas nominalmente, sem apelar para uma essência universal que transcenda a cultura. Posso dizer, por exemplo, que as mulheres existem porque a ideia de mulher existe como uma construção mental e social. As teóricas feministas falam em usar o essencialismo nominalmente e "estrategicamente", recorrendo a uma categoria abrangente quando convém, rejeitando a mesma categoria quando não convém e resistindo a qualquer tentativa de defini-la.

Quando estudante universitária, eu me vi amarrada nesse ciclo. Quando o feminismo me atraiu pela primeira vez, foi por um impulso declaradamente essencialista: eu via minha feminilidade como parte integrante da minha identidade e sentia o desejo de entender e abraçar minha dignidade específica *enquanto mulher*. À primeira vista, o feminismo parecia oferecer um ambiente no qual eu poderia fazer exatamente isso. Não esperava ter de rejeitar a ideia de feminilidade para encontrar minha dignidade. Uma vez que mergulhei no pensamento feminista, porém, rapidamente percebi o fato de que o essencialismo era um pecado imperdoável para o feminismo.

Lembro-me de estar numa aula de filosofia feminista, no meu último ano de faculdade, debatendo possíveis definições de "mulher" com meus colegas e fracassando continuamente. Eu insistia em apelar para o corpo, para a biologia feminina, mas confesso que fiquei perplexa com as exceções. As mulheres que fizeram histerectomia não são mais mulheres? A ideia era claramente absurda, mas eu não conseguia articular o *porquê*. Mesmo assim, continuei a ser uma essencialista no armário, jogando a carta do nominalismo conforme necessário, mas sustentando secretamente a ideia de que a feminilidade era uma parte central da minha identidade e de que a palavra "mulher" indicava algo fundamental e real, algo mais profundo do que uma ficção social.

Certa vez, tentei confessar isso a um colega de classe. Nós dois estávamos na aula de filosofia feminista; ambos éramos feministas de carteirinha. Um dia, depois da aula, ele me pediu para articular minha perspectiva. "Como você entende sua identidade como mulher?", perguntou. Não me lembro do que disse; só me recordo de que dei uma resposta sincera, e a reação dele foi cética: "Você não pode pensar assim! Isso é *essencialismo*!" Não ignoro a ironia de que um colega homem tenha rejeitado minha perspectiva no intuito de seguir a linha feminista. Sua resposta mostra como a rejeição do essencialismo é uma *premissa* na maioria das filosofias feministas, e não uma conclusão bem fundamentada. Eu adotara o feminismo havia pouquíssimo tempo... e já era uma herege.

A ferramenta que faltava na minha caixa de ferramentas analíticas era esta: a distinção crucial entre potencialidade e atualidade. Encontrei esses conceitos pela primeira vez na obra do filósofo e teólogo São Tomás de Aquino, que por sua vez os adaptou de Aristóteles. *Potencialidade* (também chamada de "potência") refere-se a qualquer potencial ou possibilidade inerente que uma coisa tem. A *atualidade* (também chamada de "ato") é a realização ou atualização dessa possibilidade inerente. Vamos brincar com alguns exemplos.

Antes de me sentar para escrever esta manhã, passei os olhos em algumas das folhas dadas à minha filha no jardim de infância. Ela está aprendendo a organizar as letras em palavras, com base no som. Em uma planilha, ela listou personagens da história de Natal: MRIA, AJO, RE — isto é Maria, Anjo, Rei. Há algo de encantador em ver suas letras enormes, trêmulas e muitas vezes invertidas sendo organizadas para criar palavras inteligíveis. Há dentro dela um potencial — o potencial de ler, escrever, raciocinar, desenvolver a linguagem — que está sendo trazido para a realidade, e é emocionante vê-lo se desenvolver em tempo real. Ela está no jardim de infância há apenas dois meses e já está começando a escrever e a ler.

Meu gato, Kafka, também tem algumas habilidades linguísticas. Ao menos ele consegue se comunicar muito bem. Como seu homônimo, Kafka é um ser muito angustiado; mia alto sempre que precisa de algo, geralmente água, comida ou atenção, e usa um uivo particularmente grave e orgulhoso para sinalizar a apresentação de um troféu, geralmente o cadáver de um rato morto. Apesar de sua inteligência e capacidade de comunicação, se eu mandasse Kafka para o jardim de infância, ele nunca aprenderia a ler. Eu poderia mantê-lo na escola até que suas sete vidas acabassem, e isso simplesmente nunca aconteceria, porque ele não tem o potencial inerente para desenvolver a alfabetização. Há muitos animais mais inteligentes que Kafka, mas nenhum deles poderia fazer o que minha filha de cinco anos está fazendo agora, porque todos, por sua própria natureza, não têm potencial para isso.

Como isso nos ajuda a definir a "mulher"? Em minhas tentativas anteriores e fracassadas de estabelecer uma definição, estivera trabalhando apenas com a ideia da *atualidade*, sofrendo para encontrar uma característica que fosse *realmente* verdadeira para todas as mulheres em todos os momentos. Eu intuía, a partir do senso comum, que a mulher é uma fêmea humana adulta, mas não sabia ao certo como responder às inevitáveis perguntas que surgiam em reação a toda e qualquer definição proposta: e as mulheres inférteis? E as mulheres na pós-menopausa? E as mulheres que fizeram mastectomias e histerectomias? E as mulheres com cromossomo Y?

A potencialidade resolve esse problema. A mulher é o tipo de ser humano cujo corpo foi organizado em torno do potencial de gestar uma nova vida. Essa *potencialidade* que pertence à feminilidade está sempre presente, mesmo que haja algum tipo de condição, como idade ou doença, que impeça que essa potência se desenvolva em ato, isto é, se realize. A própria categoria de "infertilidade" não enfraquece essa definição, mas a afirma. Um ser humano do sexo masculino que não pode engravidar não é considerado "infértil", uma vez que nunca teve essa potência. Uma mulher que não consegue engravidar tem essa potencialidade, e por isso é considerada infértil. A infertilidade dá nome à incapacidade, muitas vezes dolorosa e devastadora, de atualizar o próprio potencial procriador.

Talvez eu tenha encontrado uma definição indiscutível de *mulher*, mas essa definição não reduz as pessoas à função reprodutiva? Isso não é desumanizante? A primeira resposta que tenho a essa objeção é que essa definição não diz respeito à *função* em si, mas ao *potencial* inato. Esta é uma distinção importante, porque afirma a realidade de que as mulheres que não procriam ainda são plenamente mulheres.

Minha segunda resposta consiste em lembrar novamente aquele princípio orientador do pensamento católico: quando falamos de pessoas, estamos sempre falando de corpos *e* almas, de seres físico-espirituais. Nossa consideração da feminilidade deve incluir o sexo do corpo, mas também deve se estender para considerar a pessoa como um todo. Essa é a tensão viva em que precisamos habitar: permanecer vinculados ao corpo, mas não reduzidos a ele.

Recentemente, vi um *tweet* da marca Tampax que proclamava: "Nem todas as pessoas que menstruam são mulheres. Celebremos a diversidade das pessoas que sangram!"[1] Isso ecoa a visão de mundo por trás daquele treinamento de RH que fiz e que exigia a expressão "pessoas grávidas" em lugar de "mulheres grávidas". Já vi trocas semelhantes em outros lugares: pessoas com colo do útero, amamentadoras, parturientes — são todos malabarismos linguísticos para falar sobre corpos femininos sem usar o termo *mulher*. Isso sim me parece uma abordagem desumanizante e baseada apenas numa função. Em vez de um termo que evoca um ente integral e pessoal — a "mulher" —, temos expressões baseadas na função e depois frouxamente ligadas à personalidade, o que é necessariamente delimitador. "Parturiente" é um termo rigorosamente focado na função de dar à luz; "mãe" também evoca esse papel, mas floresce para muito além dele, abrangendo muito mais do que um único acontecimento ou função.

É o paradigma de gênero que emprega a categorização baseada na função em lugar da categorização baseada na pessoa. Ao divorciar a feminilidade do conceito de "mulher",

---

1 Tampax EUA (@Tampax), Twitter, 15 de setembro de 2020.

esse paradigma cria uma cisão entre corpo e identidade. Ao invés da integração corpo-identidade, ficamos com a fragmentação, uma imagem da pessoa humana como um boneco Cabeça de Batata: uma concha oca e neutra com uma variedade de partes permutáveis e rearranjáveis.

A *ciência do sexo*

Agora que temos uma definição utilizável de mulher que se liga à feminilidade, abordemos alguns dos pressupostos equivocados de nossa cultura a respeito do sexo biológico. Um dos meus pontos altos como professora de teoria de gênero se deu quando consegui atrair minhas alunas para a seguinte armadilha mental: durante uma de nossas discussões em classe, notei algumas delas repetindo a linha de que o sexo biológico é "atribuído" no nascimento por médicos e pais, não identificado ou reconhecido. "Espere aí", falei. "A orientação sexual é inata, algo com que nascemos?" As alunas assentiram prontamente. Este é um dogma bem consolidado. "E vocês também estão dizendo que o sexo biológico é uma construção social, uma categoria arbitrariamente 'atribuída' no nascimento?" Elas novamente concordaram, mais vigorosamente. "Como isso é possível? Essas afirmações não são contraditórias? Como é possível ter uma atração *inata* por algo que é meramente uma construção social?" Ah! Naquele milissegundo, vi um breve vislumbre de luz cortar a neblina pós-moderna. Mesmo que elas rapidamente tenham recusado essa luz, ao menos reconheceram a contradição.

A ideia bizarra de que o sexo biológico de cada um é "atribuído" no nascimento é um dos vários mitos sobre o sexo que ganharam ampla aceitação em nossa época. Esses mitos tendem a se agrupar — como um alçapão que se abre apenas para dar acesso a outro. Uma vez que você aceita um mito como verdadeiro, rapidamente cai na toca do coelho. O primeiro alçapão é esta ideia: a sexualidade não é binária, mas um espectro. Isso leva à noção de que as categorias "masculino" e "feminino" são construções sociais, e não termos que correspondem a uma verdade objetiva sobre a natureza humana. Se o sexo é uma construção, então os rótulos "menina" e "menino" são de fato "atribuídos" pelos médicos, que criam assim a ilusão de um binarismo. E, finalmente, se o sexo de nascimento não é identificado a *partir* do corpo, mas projetado *sobre o* corpo, então o sexo pode ser alterado.

A porta de entrada para essa espiral de mitos é a afirmação de que o sexo não é binário — noutras palavras, a afirmação de que existem mais de dois sexos ou de que o sexo é um espectro. A questão é: dispomos de boas evidências para apoiar essa alegação?

Venha! Façamos um passeio mágico e misterioso pela ciência do sexo.

Os corpos humanos são organizados teleologicamente de acordo com nossos papéis distintos na reprodução da espécie. A estrutura de nossos corpos é organizada para produzir células sexuais grandes ou células sexuais pequenas. Essas células sexuais são denominadas gametas. Os gametas grandes são os óvulos e os gametas pequenos, os espermatozoides. Uma fisiologia organizada para produzir óvulos é feminina e uma fisiologia organizada para produzir espermatozoides é masculina. Essa dupla distinção entre gametas grandes e pequenos é estável e universal — não apenas em toda a espécie humana, mas também entre *todas* as espécies vegetais e animais que se reproduzem sexuadamente.

Não existe um terceiro gameta ou um espectro de gametas possíveis. Essa característica invariável de nossa humanidade nos liga intimamente ao resto da criação. Quando os gametas se combinam, podem criar um novo membro da espécie. O binarismo sexual, portanto, é o fundamento necessário para a transmissão contínua da existência humana. (E, se ele for apenas uma construção, teremos problemas...)

Em vez de ser arbitrariamente atribuído no nascimento, o sexo do bebê é determinado na concepção, através do gene SRY (ou sua ausência). Este gene é o principal fator na diferenciação sexual; se acionado, ele inicia um processo de desenvolvimento sexual para a produção de gametas masculinos. Se não houver a ativação do SRY, as gônadas do bebê em desenvolvimento tornam-se ovários, que são estruturados para produzir gametas femininos.

Se a ciência é clara e o binarismo sexual em humanos existe há milhões de anos, por que é que, inesperadamente, estamos diante da nova noção da sexualidade como espectro? No capítulo seguinte, esboçarei uma possível genealogia dessa ideia; aqui, gostaria de responder a dois argumentos centrais por trás da hipótese do espectro sexual.

Esta é de longe a réplica mais comum que ouço: "O sexo não é binário. Existem pessoas *intersexuais*." Os soldados da brigada do gênero nunca se esquecem de portar o cartão intersexo em um coldre pronto, e são rápidos no saque. Esse reflexo de citar a intersexualidade é uma grande jogada retórica, porque a maioria das pessoas não sabe o suficiente do assunto para dar uma resposta convincente. O termo é usado de forma a sugerir que "intersexualidade" se refere a algo completamente fora do binário masculino-feminino, como um terceiro sexo ou uma categoria de pessoas assexuadas, que não são nem homem, nem mulher — ou, de alguma forma, tanto homem *quanto* mulher. Desta forma, o trunfo intersexual é usado para apagar a realidade fundamental e estável do sexo biológico a fim de justificar a ideia de que o sexo é uma construção e abrir a porta para uma autoidentificação ilimitada.

"Intersexual" é um termo amplo, que abrange uma série de condições que interrompem o desenvolvimento de certas características sexuais. Apesar de sua prevalência no mundo da teoria de gênero, o termo é impreciso e muitas vezes mal utilizado. A literatura médica tende a usar o termo "distúrbios do desenvolvimento sexual" (DDS's). Também já vi "diferenças de desenvolvimento sexual" e "variações de desenvolvimento sexual" (VDS's). Prefiro o termo "condições congênitas do desenvolvimento sexual" (CCDS's), que é medicamente preciso e evita a linguagem de "transtorno" que alguns consideram estigmatizante. Além disso, incluir a palavra "congênita" limita a variedade de condições; embora possam ocorrer interrupções tardias do desenvolvimento sexual, elas não retroagem de modo a causar uma ambiguidade sexual inata. Se o termo "intersexual" é usado para invocar uma categoria *entre* os sexos, trata-se de um termo equívoco. No entanto, o rótulo pode ser usado com precisão quando se refere a uma variação de fundo biológico *dentro* da masculinidade ou da feminilidade.

Fui apresentada ao conceito de intersexualidade na pós-graduação, quando estudava teoria de gênero. Encontrei o livro *Sexing the Body*, da bióloga Anne Fausto-Sterling, e o achei absolutamente fascinante. Eu nunca tinha mergulhado profundamente nas complexidades do desenvolvimento sexual antes, e suas conclusões radicais me deixaram sem chão. Usei este livro como fonte primária no meu projeto de pesquisa para o mestrado, em que argumentei que a ciência em si é uma disciplina de gênero com um viés masculino inerente — uma linha de raciocínio divertida, ainda que incorreta em última análise.

Fausto-Sterling é a fada madrinha do trunfo intersexual, esse recurso simbólico às pessoas intersexuais utilizado para desmantelar a ideia de uma sexualidade binária. Seu trabalho também é a origem de equívocos comuns sobre as

CCDS's, como a ideia de que essas condições são tão comuns quanto os cabelos ruivos. Num artigo chamado "How Sexually Dimorphic Are We?", de sua coautoria, Fausto-Sterling *et al.* argumentam que o sexo deve ser entendido como um *continuum* em vez de um binarismo, e uma parte fundamental de seu argumento diz que as condições intersexuais são bastante comuns, ocorrendo em até 1,7 a cada 100 nascidos vivos (1,7%)[2]. Esse número é obtido por meio de uma definição excessivamente expansiva do "intersexual", que inclui qualquer "indivíduo que se desvie do ideal platônico de dimorfismo físico nos níveis cromossômico, genital, gonadal ou hormonal"[3]. Essa definição ampla incluiria condições como a síndrome do ovário policístico (SOP), um distúrbio hormonal que ocorre quando a mulher produz hormônios androgênicos em excesso, ou a síndrome de Klinefelter, quando o homem tem um cromossomo X a mais. (Eu mesma poderia ser incluída nessa lista! A quantidade de pelos no meu corpo decididamente *não* está de acordo com o ideal platônico.) Embora possam levar a problemas de fertilidade, essas condições não causam ambiguidade sexual. Uma mulher com SOP é claramente do sexo feminino; um homem com Klinefelter é claramente do sexo masculino. Ambos muitas vezes não têm consciência de sua variação cromossômica até tentarem ter filhos.

Na verdade, as cinco condições mais comuns que Faust-Sterling categoriza como "intersexuais" não envolvem realmente casos de ambiguidade sexual. Quando restringimos a categoria para incluir apenas esses casos, o número cai para 0,018% — cifra cem vezes *menor* do que a estimativa de Fausto-Sterling[4]. Em vez da inflacionada taxa de 1,7 a cada

---

[2] M. Blackless *et al.*, "How Sexually Dimorphic Are We? Review and Synthesis", *American Journal of Human Biology* 12, n. 2, 2000, pp. 151-66.
[3] Blackless *et al.*, op. cit., p. 161.
[4] Leonard Sax, "How Common Is Intersex? A Response to Anne Fausto-Sterling", *Journal of Sex Research* 39, n. 3, 2002, pp. 174-78.

100 nascimentos, as CCDS's ocorrem em menos de 2 a cada 10 mil nascimentos. Este é um ponto cujo entendimento é crucial: *a grande maioria dos indivíduos frequentemente categorizados como intersexuais são inequivocamente masculinos ou femininos,* mesmo que a sua manifestação de masculinidade ou feminilidade seja de alguma forma atípica.

Tomemos a condição da agenesia vaginal, que Fausto-Sterling categoriza como intersexualidade. As meninas nascidas com essa condição têm uma vagina que não está totalmente desenvolvida e ovários em pleno funcionamento, o que leva a características sexuais femininas. Na lógica de Fausto-Sterling, uma menina com agenesia vaginal não é "de fato" fêmea. Ironicamente, sua tentativa de criticar os ideais platônicos de masculinidade e feminilidade na verdade *reforça* esses ideais, excluindo do binarismo sexual pessoas que tenham atingido graus variados no desenvolvimento sexual.

Dado que o desenvolvimento sexual é um processo e que em cada estágio do processo as coisas podem dar errado, considero realmente surpreendente o quão *raros* são os casos de ambiguidade sexual genuína. Não me surpreende que esses casos existam; antes, o que me surpreende é que haja tão poucos. Estatisticamente falando, o sexo é facilmente reconhecível ao nascimento para 99,98% dos seres humanos. Isso é notavelmente consistente. Nos demais casos periféricos, a realidade do sexo ainda está presente, mas a avaliação para discerni-lo demanda maior cuidado — não por curiosidade, mas em prol da saúde física da pessoa. Isso não ocorre porque tais indivíduos não sejam nem machos nem fêmeas, mas porque os processos de desenvolvimento que os definem como macho ou fêmea sofreram algumas reviravoltas inesperadas.

Identificar o sexo, no caso destes indivíduos, exige a observação de múltiplos fatores em conjunto: cariótipo (cromossomos), fenótipo (genitália), gônadas (ovários ou testículos), estruturas internas voltadas para a produção de gametas e hormônios... A ambiguidade sexual ocorre quando o fenótipo não é facilmente classificável como masculino ou feminino ou quando o cariótipo não é consistente com o fenótipo, como nos casos da síndrome de insensibilidade androgênica completa (SIAC)[5]. O uso excessivamente amplo do termo "intersexual" tende a privilegiar o cariótipo e o fenótipo, ignorando a produção de gametas e a estrutura do corpo como um todo. Diante da ambiguidade desses dois primeiros fatores, os sexistas tendem a concluir prematuramente que o veredito está dado: o binarismo sexual é falso. *Memes* populares retratam o sexo num espectro e o definem como o conjunto de "genitália, formato corporal, tom de voz, distribuição de pelos no corpo, hormônios, cromossomos etc". A produção de gametas não é mencionada, embora esta seja a base do sexo biológico.

Isso reflete um erro comum: o de reduzir o sexo biológico a características sexuais secundárias, isto é, o de ver o sexo apenas como manifestação de uma estrutura genital ou desenvolvimento dos seios. O paradigma de gênero tem uma compreensão fundamentalmente incorreta do que é o sexo, confundindo causa com efeito. As características sexuais secundárias desenvolvem-se como *consequência* do sexo; elas são o efeito, e não a causa.

Essa compreensão incorreta é frequentemente perpetuada com o intuito de alcançar a conclusão que se almeja: a noção de que uma pessoa pode mudar de sexo. Se o sexo é definido por características secundárias, como a estrutura genital e o tom da voz, então a mudança de sexo *é* possível por meio de cirurgia e hormônios sintéticos. Se, no entanto,

---

5   Cf. Sax, *op. cit.*

o sexo é definido fundamentalmente pelo modo como o corpo se organiza em relação à produção de gametas — uma potencialidade que não pode ser dada por um bisturi —, então a verdade inegável é esta: não é *possível* mudar de sexo, uma vez que o sexo é constitutivo da pessoa inteira.

Num caso específico, diante de uma eventual ambiguidade no nível do fenótipo e do cariótipo, a melhor resposta não está em encolher os ombros e abraçar a noção de espectro sexual, mas continuar o discernimento do sexo pela observação das estruturas anatômicas que podem suportar a produção de grandes ou de pequenos gametas. Embora o termo "hermafrodita" tenha sido frequentemente aplicado a casos de ambiguidade sexual, esta é uma nomenclatura imprecisa e desumanizante. Hermafroditas são espécies que não possuem sexos separados, como os caracóis e as lesmas; cada membro da espécie tem a capacidade de produzir gametas grandes e pequenos e, portanto, pode assumir o papel do "masculino" ou do "feminino" na reprodução. Para este tipo de espécie, a reprodução hermafrodita é a norma. A biologia humana, por outro lado, não suporta esse modo reprodutivo. Na CCDS mais rara, um indivíduo pode desenvolver tecido ovariano e testicular, mas mesmo neste caso ele produzirá um tipo de gameta ou o outro, e não ambos. Houve apenas cerca de quinhentos casos documentados de CCDS ovotesticular na história médica, e não há evidência direta na literatura de um ser humano hermafrodita, isto é, de alguém capaz de produzir tanto gametas pequenos quanto grandes[6].

Quando todas as dimensões sexuais são levadas em conta, existe, para cada ser humano, a possibilidade de discernir seu sexo. Concluir o contrário é excluir alguns indivíduos de uma realidade da qual todos participamos. Esse tipo de

---

[6] Cf. Meltem Özdemir *et al.*, "Ovotesticular Disorder of Sex Development: An Unusual Presentation", *Journal of Clinical Imaging Science* 9, n. 34, 2019.

pensamento tem consequências imprevistas e prejudiciais, que levam à violação do corpo.

Integridade do corpo

Apesar de suas falhas, um dos aspectos mais valiosos do trabalho de Fausto-Sterling é sua crítica à mutilação genital infantil (MGI), cirurgias medicamente desnecessárias em bebês nascidos com CCDS's. Isso costumava ser a prática médica padrão. Se um bebê nascesse com genitália atípica ou ambígua, a reação consistia em sacar o bisturi e tentar esculpir genitais com aparência mais comum. Uma menina nascida com um clitóris aumentado (clitoromegalia) poderia ser submetida a uma cirurgia genital desnecessária para fazer com que seu clitóris parecesse mais normal. Cirurgias como esta, puramente cosméticas, podem levar à redução da função e da sensibilidade sexual.

Ainda mais perturbador é o fato de que uma criança saudável de determinado sexo poderia ser categorizada e criada como alguém do sexo oposto simplesmente por causa da aparência externa dos genitais. Trata-se de uma situação em que a expressão "sexo designado" é precisa: um bebê com micropênis poderia ser cirurgicamente alterado e criado como menina apenas porque sua genitália masculina não correspondia à norma. É mais fácil imitar cirurgicamente a aparência de uma vagina, e por isso bebês com genitália ambígua eram mais frequentemente designados como "fêmeas", independentemente da estrutura corporal geral. Lembro-me de ler, no livro de Fausto-Sterling, esta frase arrepiante, que ela atribuiu a um cirurgião: "É possível fazer um buraco, mas não levantar um poste".

O problema por trás da prática da MGI é a idealização de como deve ser a *aparência* das genitálias masculina e feminina. Enfatiza-se a aparência cosmética em vez de ser respeitada a integridade do corpo e sua organização como um todo.

O ativismo intersexual começou a surgir na década de 1990 — não como uma tentativa de desmantelar o binarismo sexual, mas para acabar com as práticas médicas prejudiciais e aumentar a conscientização sobre as CCDS's. A Intersex Society of North America (ISNA) defendeu, com sucesso, mudanças inovadoras no sistema de saúde. Diretrizes clínicas publicadas em 2006 estabeleceram novos protocolos para abordar casos de bebês com CCDS's, incluindo um protocolo mais cauteloso quanto à intervenção cirúrgica, com atenção à função corporal e às necessidades médicas, e não à aparência. Após esses sucessos, o ISNA se desfez em 2008, na mesma época em que eu ia descobrindo mais sobre as condições intersexuais na pós-graduação. À época, parecia que estávamos entrando numa nova era de respeito à dignidade e à integridade corporal das pessoas com CCDS's, mas a integração da teoria de gênero pós-moderna vem revertendo esse progresso.

Os defensores do espectro sexual se afirmam aliados de pessoas com CCDS's, e tenho certeza de que a maioria está agindo de boa-fé. No entanto, o reflexo argumentativo: "Existem pessoas intersexuais!" é usado para lançar dúvidas sobre a realidade do sexo biológico em vez de fomentar a consciência das circunstâncias e necessidades das pessoas com esses problemas. Ironicamente, os defensores pós-modernos da teoria de gênero caem no mesmo erro dos cirurgiões que realizavam cirurgias desnecessárias, conferindo uma ênfase indevida aos estereótipos idealizados de como deveria ser a aparência de homens e mulheres. Se nos referirmos ao *Gender Unicorn* — um meme da internet que destila a teoria de gênero pós-moderna num diagrama, apresentado em estilo cômico —, existem três opções possíveis para o "sexo atribuído no nascimento": masculino, feminino e outro/intersexual. Esse *meme* classifica "intersexual" como algo *diferente* de masculino ou feminino, numa descaracterização comumente encontrada na retórica ativista. Infelizmente, essa forma de enquadrar as CCDS's desumaniza os indivíduos intersexuais ao insistir em que quaisquer desvios das normas idealizadas não são "realmente" masculinos ou femininos, mas "outro". Nesse entendimento, uma menina nascida com genitália atípica é totalmente expulsa da categoria "feminina" e colocada numa terceira categoria amorfa ou largada no meio de um espectro que vai da masculinidade à feminilidade.

Cada vez mais, o termo "intersexual" é invocado como trunfo nos debates sobre identidades transgêneros. A adição de um "I" à sempre crescente sigla LGBTQIA+ confunde, de forma redutiva e inútil, as situações completamente diferentes dos indivíduos com CCDS's e das pessoas que se identificam como trans. Um ponto notável de tensão é a questão da integridade do corpo.

O esforço dos ativistas da intersexualidade se concentrou em dar fim às cirurgias mutiladoras, valorizando mais a saúde e a integridade do que a aparência idealizada e preservando a integridade do corpo, independentemente de sua forma. Esses esforços estão em tensão com o ativismo transgênero, que defende a realização de cirurgias invasivas em corpos saudáveis, valoriza mais a aparência estética do que a saúde e a função corporal e não respeita a integridade do corpo como um bem a ser preservado. Os procedimentos que os ativistas intersexuais descrevem como "mutilações" são os mesmos procedimentos que os ativistas trans insistem serem bons e necessários, mesmo quando realizados em menores de idade. As MGI's são criticadas com razão — não apenas porque não são consensuais, o que é importantíssimo, mas também porque causam danos desnecessários ao corpo. Para o ativista trans, a integridade do corpo *só importa quando eu quero que importe*. A fantasia subjacente da pós-modernidade é a de que temos controle sobre nossa natureza, de que somos os mestres, os deuses, os criadores. Em vez de confirmar essa fantasia, as pessoas com CCDS's expõem sua falsidade, pois estão lidando com realidades corporais fora de seu controle.

Houve certas tentativas de categorizar as pessoas trans como intersexuais, geralmente recorrendo à ideia de um "sexo cerebral" congênito que não se alinha com o sexo do corpo. Vários estudos de neuroimagem exploraram a hipótese de que os cérebros de pessoas que se identificam como trans têm maior semelhança com os cérebros de seu sexo declarado do que com seu sexo natal. Esta teoria é problemática em três níveis distintos. Em primeiro lugar, não há evidências sólidas de qualquer associação entre a estrutura cerebral e a transidentificação. Os estudos de neuroimagem existentes são de pequeno alcance e muito limitados, tendo gerado resultados inconclusivos e contraditórios[7]. Em segundo lugar, mesmo que tivéssemos evidências sólidas dessas diferenças estruturais e funcionais do cérebro, a relação causal permaneceria obscura em razão da neuroplasticidade. Noutras palavras, seria impossível dizer se tais diferenças seriam congênitas e levariam à identificação trans ou se

---

[7] Um relatório de 2016 do médico Lawrence Mayer e do psiquiatra Paul McHugh, publicado na *The New Atlantis*, oferece uma visão abrangente dos estudos de imagem cerebral, concluindo que os estudos "mostram evidências inconclusivas e resultados mesclados quanto aos cérebros de adultos transgêneros. Os padrões de ativação cerebral nesses estudos não oferecem evidências suficientes para tirar conclusões sólidas sobre possíveis associações entre ativação cerebral e identidade ou excitação sexual. Os resultados são conflitantes e confusos". Cf. Mayer e McHugh, "Special Report on Sexuality and Gender: Findings from the Biological, Psychological, and Social Sciences", *The New Atlantis* 50, outono de 2016. Para outros estudos mais recentes, e que também fornecem resultados conflitantes, consulte-se S. Mueller *et al.*, "A Structural Magnetic Resonance Imaging Study in Transgender Persons on Cross-Sex Hormone Therapy", *Neuroendocrinology* 105, 2017; Carme Uribe *et al.*, "Brain Network Interactions in Transgender Individuals with Gender Incongruence", *NeuroImage* 211, 2020.

a identificação e transição trans reconfigurariam o cérebro[8]. Em terceiro lugar, mesmo que tivéssemos evidências sólidas para essa associação e indícios de que essa condição intersexual é congênita, ainda chegaríamos a outro problema: por que o sexo deve ser definido de acordo com a neuroanatomia, e não pela presença de um sistema reprodutivo saudável, quando o sexo é fundamentalmente uma categoria reprodutiva? Redefinir o sexo de acordo com a estrutura e a função do cérebro significaria que *qualquer* mulher ou homem cujas neuroimagens se desviassem da norma não seria "realmente" uma mulher ou um homem. Não estou negando que alguns casos de incongruência sexual possam ter base neurológica. Isso é certamente possível. O que estou contestando é a ideia de "sexo cerebral", para a qual não há evidências e que contradiz uma compreensão biológica básica do que o sexo é.

Deixe-me reunir os itens importantes aqui.

O sexo não é um espectro, mas um sistema binário estável — não apenas na espécie humana, mas em todas as espécies de plantas e animais cuja reprodução é sexuada. Não existe terceiro sexo. Não há espectro de sexos possíveis.

No processo de desenvolvimento sexual, podem ocorrer variações que levam a atipicidades na manifestação da masculinidade e da feminilidade. Ainda assim, em 99,98% desses casos, o sexo é facilmente reconhecível como algo inequivocamente masculino ou feminino. Categorizar esses indivíduos como "intersexuais" ou "outros" leva à ideia de que algumas mulheres são "mais" ou "menos" femininas com base no quanto seus corpos se aproximam da norma.

---

8   Um estudo revisado por pares de 2018 conclui: "Dada a estreita relação e interação entre cultura, comportamento e cérebro, o cérebro do indivíduo se adapta à nova condição (cultura) e aos novos conceitos e começa a alterar sua função e estrutura". Cf. M. R. Mohammadi e Ali Khaleghi, "Transsexualism: A Different Viewpoint to Brain Changes", *Clinical Psychopharmacology and Neuroscience* 16, n. 2, 2018, pp. 136-43.

Sou "menos" mulher porque tenho mais pelos do que o ideal no rosto e no corpo? Sou menos mulher porque, como me disseram no ensino médio, minhas pernas parecem pernas de homem? Essa maneira de pensar engaveta a masculinidade e a feminilidade de uma maneira opressora e superficial, ao mesmo tempo que desrespeita qualquer pessoa que esteja fora dessa gaveta.

Os 0,02% dos casos em que o sexo não é facilmente identificável não sinalizam a existência de um terceiro sexo ou de pontos distintos num espectro. Mesmo aqui, o sexo está presente e deve ser discernido com atenção à pessoa como um todo e em prol de sua saúde física. Essas situações extremamente raras são, por definição, únicas e particulares, e o foco deve estar nas necessidades específicas do indivíduo. Algumas CCDS's, a exemplo de outras condições congênitas, requerem atenção e tratamento médico, a fim de preservar a saúde e a integridade do corpo.

É injusto cooptar a existência das pessoas ditas intersexuais para promover uma compreensão pós-moderna de sexo e gênero. A maneira mais humanizadora e precisa de ver as CCDS's consiste em entender essas condições não como exceções ao binarismo sexual, mas como variações dentro deste binarismo. Precisamos abrir espaço *dentro* das gavetas da masculinidade e da feminilidade a fim de acomodar uma gama de tipos de corpo e personalidades mais diversificada; não é preciso destruir completamente as gavetas.

O corpo como sacramento

Ficamos um longo tempo neste plano biológico. É importante compreender o que é o sexo e como se desenrola o desenvolvimento sexual para poder contrariar os mitos pós-modernos. No entanto, se estivermos pensando a partir de uma perspectiva cristã, nossa discussão não poderá se limitar a esse âmbito. Nossa reflexão sobre sexo e gênero deve estar em sintonia com a realidade holística e sagrada da *pessoa* — a pessoa como unidade integrada de corpo e alma. Devemos percorrer um caminho de contemplação capaz de enxergar as várias dimensões da personalidade, no intuito de acolher o milagre de cada ser humano. Trata-se de um caminho que se encaminha para a integração, que vai da desordem à totalidade. A abordagem pós-moderna do sexo e do gênero corre na direção oposta — para a fragmentação — e procura um *eu* fraturado, onde corpo, psique e desejo foram separados uns dos outros e reorganizados, onde o corpo não é o fundamento da identidade pessoal, mas sua ferramenta inerte.

Em contraste, a abordagem personalista nos permite ver cada ser humano como *pessoa*, em vez de uma coleção de rótulos que não param de proliferar; e, mais importante: ela nos ensina a sintonizar nossa consciência com a sacramentalidade de cada corpo humano. Corpos não são "apenas" corpos. Corpos são pessoas manifestadas.

O princípio sacramental opera ininterruptamente: o que é visível revela o invisível. O corpo nos revela a realidade eterna e divina da pessoa — uma realidade que só pode entrar no mundo tangível e sensível por meio da sua encarnação.

É assim que Deus entra em nosso mundo e se revela: através da realidade encarnada de Cristo, que se fez corpo para que pudéssemos conhecer e amar o Deus invisível. A Encarnação é tanto um momento histórico, um ponto na linha do tempo da história deste mundo, quanto um momento eterno. A Pessoa divina que se vivificou no seio de Maria é também a Pessoa que, na Eucaristia, se reveste das moléculas do vinho e do pão para ser deitado em nossas línguas e consumido por nossos corações. Este mistério — o mistério sacramental da Encarnação — deve enquadrar nossa visão de tudo o que existe.

É muito fácil perder de vista esse mistério; permitimos que nossa visão se contraia, se torne superficial e egoísta. Caímos no erro perene de enxergar alguns corpos humanos como não perfeitamente humanos e, portanto, descartáveis, lançados à margem do que é visto e do que é valorizado.

Essa antiga tendência é mostrada com clareza no conto "Um templo do Espírito Santo", de Flannery O'Connor. Contada a partir da perspectiva de uma criança imaginativa, que fantasia sobre o martírio heroico enquanto se torna desleixada em suas orações, o texto lança um raio de luz sobre a dignidade e a sacramentalidade da pessoa intersexual.

Acontece na cidade uma feira, com roda gigante, carrossel e exibições em "tendas fechadas" apenas para adultos. A criança protagonista ouve duas meninas mais velhas conversando em voz baixa sobre o que viram numa das barracas: uma "aberração" que era "um homem e uma mulher"[9]. Essa pessoa tinha "um nome específico", mas as garotas não se lembram dele; em vez disso, usam termos degradantes como "você-sabe-o-que-é" e o pronome "aquilo"[10].

A criança, sendo criança, não pode entrar na exibição, mas sua imaginação robusta adorna os escassos detalhes fornecidos pelas meninas mais velhas. Ela imagina a tenda como uma igreja pentecostal e a pessoa intersexual como um pregador: "Deus me fez assim... Deus fez isso de mim, e eu o louvo". As pessoas murmuram: "Amém! Amém!" A pregação continua: "Erga-se. Um templo do Espírito Santo. Você! Você é o templo de Deus, você não sabia? O Espírito de Deus habita em você, você não sabia? [...] Um templo

---

9   Flannery O'Connor, "Temple of the Holy Ghost", em *The Complete Stories*, Farrar, Straus and Giroux, Nova York, 1997, p. 245.
10 *Idem*, p. 245.

de Deus é uma coisa sagrada. Amém. Amém. Eu sou um templo do Espírito Santo"[11].

Essa fantasia de um culto liderado pelo intersexual está em total oposição à forma como as autoridades religiosas da cidade de fato reagem. No final da história, ficamos sabendo que a feira foi encerrada prematuramente, depois que os pastores da cidade fizeram uma inspeção e mandaram a polícia "fechá-la"[12]. Em vez de sussurrar "amém" e louvar a Deus por sua obra, os habitantes da cidade dizem: "Vá embora".

Numa de suas cartas pessoais, O'Connor explica como esse personagem intersexual é a única pessoa que se aproxima da santidade na história. Ela escreve: "Neste conto, a descrição mais aproximada que eu consigo fazer da pureza consiste em dizer que ela é uma aceitação do que Deus deseja para nós, uma aceitação de nossas circunstâncias individuais"[13]. Somente a pessoa intersexual exibe essa sabedoria espiritual, a pureza da autoaceitação, uma pureza que se faz ainda mais notável diante do ostracismo.

A seção final da história centra-se em outro tipo de exposição: a adoração Eucarística, a prática católica de postar-se em reverência diante de uma Hóstia consagrada, o pequeno círculo de pão que foi transformado pelo Espírito Santo no Corpo de Cristo. Essa forma do Corpo de Cristo é inesperada, confundindo nossos pressupostos sobre o que deveria ser.

Quando a criança vê o ostensório levantado com o Corpo de Cristo "brilhando no centro, com cor de marfim", pensa novamente na pessoa da tenda fechada e a ouve dizer: "É assim que Ele quis que eu fosse"[14].

---

11 *Ibidem*, p. 246.
12 *Ibidem*, p. 248.
13 Flannery O'Connor, *The Collected Works*, Library of America, Nova York, 1988, p. 976.
14 O'Connor, "Temple of the Holy Ghost", p. 248.

Por meio desta imagem religiosa, O'Connor habilmente retrata duas verdades de uma só vez. Primeiro, o fato inegável de que pessoas com corpos inesperados são frequentemente evitadas, feitas de bode expiatório e desumanizadas. Isso ainda acontece. Não obstante seu chamado progressismo, o hábito atual de retratar intersexuais como não sendo homens nem mulheres é simplesmente a versão mais recente dessa alienação — a maneira atualizada e politicamente permissível de dizer "aberração" e "aquilo".

Em segundo lugar, O'Connor está traçando um paralelo profundo entre a pessoa intersexual e o próprio Cristo. Como a do Cristo, a identidade dela atordoa e confunde a multidão. Como Cristo, ela é evitada, escarnecida e rejeitada. Como Cristo na Adoração, o corpo dela está sendo exibido. Assim como a personalidade divina de Cristo se faz visível por seu Corpo eucarístico, o corpo intersexual também é uma revelação, uma imagem sacramental do Deus vivo e um templo de seu Espírito, que habita em cada um de nós. O paralelo estendido destaca a hipocrisia, a contradição inerente ao ato de adorar o Corpo de Cristo, sua divindade e humanidade, enquanto se denigre o corpo intersexual, que carrega uma dignidade divina.

Esta história nos convida a assumir uma postura de adoração; a enxergar toda a realidade, e cada ser humano, segundo o mistério luminoso da Encarnação. Cada corpo é um ícone de Cristo; cada corpo é um sacramento, revelando-nos o mistério sagrado e irrepetível da pessoa.

Que nossos joelhos tremam de admiração diante disso.
Amém, amém.

Gênero

Certa vez, uma colega me expressou sua consternação ao descobrir que uma de minhas alunas na disciplina de teoria de gênero era incapaz de articular a diferença entre sexo e gênero. Achei isso estranhamente afirmativo: a aluna havia percebido, e com razão, que os dois termos não têm significados fixos na teoria de gênero, quanto mais na cultura em geral.

Qual *é* a diferença? "Sexo" e "gênero" são sinônimos intercambiáveis? Refletem uma divisão gnóstica entre corpo (sexo) e alma (gênero)? Indicam a interação entre biologia e sociedade na identidade humana? Dependendo do contexto, as palavras "sexo" e "gênero" podem evocar todos e qualquer um desses significados. Por quê? Porque, em poucas palavras, vivemos profundamente confusos sobre o que significa ser um corpo. Não sabemos mais quem somos enquanto seres sexuados, e isso se reflete em nossa linguagem.

Mais importante talvez seja o fato de que os significados que atribuímos a essas palavras refletem, intencionalmente ou não, pressupostos filosóficos específicos sobre o que significa ser uma pessoa humana. Esses significados continuam a mudar, e a um ritmo surpreendente. Como cristão, acredito que a resposta adequada diante de qualquer pessoa humana é sempre o amor e o respeito, mas isso não torna a *ideia* que nossa cultura faz da personalidade humana imune a escrutínio. O que é necessário nesta conjuntura é um olhar minucioso para, como diria Chesterton, "a ideia da ideia" de gênero em nosso tempo.

O *eclipse do sexo*

No século passado, nossa compreensão do sexo e do gênero passou por uma mudança monumental — ou, mais especificamente, por *duas* mudanças. Para traçar a história da ascendência cultural do gênero, tenho de descrever uma dupla revolução: primeiro, a erosão da antiga estrutura, na qual o sexo do corpo se referia à pessoa como um todo e era caracterizado pelas funções da geração; depois, o surgimento de uma estrutura alternativa, centrada no conceito inerentemente instável de gênero.

Antes de meados do século XX, a palavra "gênero" vivia discretamente no âmbito da gramática como termo básico para denotar uma categoria, tipo ou classe. Pode-se encontrar referências ao "gênero feminino" como sinônimo de mulher, mas era mais comum falar de *palavras* com gênero, como acontece em vários idiomas, como francês e russo. A palavra "sexo", por sua vez, refere-se exclusivamente à diferenciação entre masculino e feminino nos seres vivos, sejam plantas ou animais, desde pelo menos o século XIV. Só muito recentemente essa palavra assumiu mais um significado, o de uma abreviação para a "relação sexual" — um modo de falar que sinaliza a natureza corporal do "sexo" e sua conexão com a reprodução.

O uso predominante da palavra "sexo" para indicar o pertencimento à esfera masculina ou feminina revela uma compreensão particular desses termos. O sexo, realidade expressa no corpo, é visto como algo inato, um dado, um fato da natureza reconhecido no nascimento e que proporciona o fundamento da identidade da pessoa. Como discutido anteriormente, isso representa o que os teóricos de gênero chamariam de compreensão *essencialista* da identidade sexuada. Nela, os seres humanos vêm a existir em duas formas distintas, a masculina e a feminina, e essa diferença de sexo ocorre no nível do próprio ser; é ontológica, intrínseca, parte da *essência* da pessoa.

Talvez o mais importante esteja em que essa identidade sexuada intrínseca não diz respeito apenas à *aparência externa*, mas encontra-se também intimamente ligada à *função procriativa*, ao potencial gerador de alguém enquanto homem ou mulher. Essa compreensão do sexo remonta ao início do pensamento ocidental; vemos isso na *Geração dos animais*, de Aristóteles, por exemplo: o macho é o animal que gera em outro e a fêmea, o animal que gera dentro de si. Isso não significa, como discutido no capítulo anterior, que um homem ou uma mulher que não possam procriar não sejam verdadeiramente homem ou mulher. Na mesma reflexão anterior, exploramos como os corpos humanos são estruturados para suportar a produção de gametas pequenos ou grandes. Entendido assim, o sexo reflete uma capacidade reprodutiva que não é redutível a genitais ou cromossomos, mas caracteriza o organismo como um todo.

Como chegamos a esse momento cultural, em que o sexo corporal não é mais considerado fator de integração da personalidade, mas algo ornamental, facilmente alterável — uma ficção "atribuída" no nascimento? Eu diria que essa nova compreensão do sexo pode ser atribuída, em grande parte, a duas inovações relacionadas em meados do século XX. E a primeira dela foi a adoção generalizada da contracepção, que possibilitou o surgimento de um novo conceito de "gênero", agora expansivo.

É difícil subestimar o impacto da contracepção generalizada em nossa cultura, tanto no âmbito do pensamento quanto em âmbito prático. O tópico que gostaria de abordar aqui é como a contracepção reformulou a compreensão cultural comum do significado do corpo sexuado. Em nosso imaginário, a reprodução ficou em segundo plano. Nossas capacidades de procriação são vistas como aspectos incidentais da masculinidade e da feminilidade, e não como um aspecto integral — na verdade, como a característica definidora — dessas mesmas identidades. Nós vivemos, nos movemos e temos lá nossos casinhos numa sociedade contraceptiva em que os marcadores sexuais visíveis de nossos corpos não mais apontam para uma nova vida, mas sinalizam a perspectiva do prazer estéril.

Esse se tornou o significado do corpo em nosso tempo, tal qual exemplificado pela obra de Michel Foucault, o padrinho da teoria de gênero contemporânea.

História da sexualidade, obra de Foucault em quatro volumes, começa descrevendo como, na era vitoriana, a sexualidade foi tomada como refém pela "família conjugal", que a "absorveu na séria função da reprodução"[1]. Foucault está escrevendo de forma descritiva, traçando uma história conceitual do sexo, mas desde a primeira página fica claro que está trabalhando a partir do pressuposto de que a sexualidade humana é algo apenas secundariamente, ou mesmo artificialmente, ligado à reprodução. Foucault escreve a obra nos anos 1970 e 1980, dentro de um contexto cultural em que a contracepção fora normalizada e que já está preparado para abraçar uma nova compreensão da sexualidade, totalmente divorciada da procriação. A teóloga Angela Franks descreve oportunamente essa visão foucaultiana do sexo, que agora reina supremamente em nossa cultura: o sexo, para Foucault, é um assunto que diz respeito a "corpos e prazeres". Se a fertilidade não

---

1 Michel Foucault, *A History of Sexuality: An Introduction*, vol. 1, Knopf Doubleday, Nova York, 2012, p. 3.

importa mais, "não importa se os corpos são masculinos ou femininos; todos são apenas recursos materiais para acoplamentos anônimos." Nossa "era da contracepção" deu início a uma "visão despersonalizada do corpo" e a um "mundo no qual a fertilidade feminina simplesmente não se encaixa"[2].

Quero ampliar a análise de Franks aqui a fim de destacar mais uma ramificação, já mencionada nos dois capítulos anteriores. Se os termos "homem" e "mulher" se referem à nossa potencialidade generativa, mudar de sexo é uma impossibilidade, pois um homem não pode adotar fisicamente o papel procriador de uma mulher e vice-versa. Mas, uma vez que o sexo corporal foi divorciado do potencial de procriação, reduzido à aparência e ao prazer, mudar de sexo parece viável. Intervenções cirúrgicas e hormonais complexas podem alterar a aparência do corpo e imitar marcadores sexuais, e isso é suficiente para nós, uma vez que é isso o que o sexo corporal se tornou. Um cirurgião pode criar uma "vagina" a partir de uma ferida, pois a vagina não é mais vista como a porta para um útero.

Em meados do século XX, o "sexo" *enquanto* sexo biológico foi destronado tanto linguística quanto conceitualmente. A palavra "sexo" não mais servia apenas como abreviação para a identidade sexual biológica, mas se expandiu para indicar qualquer tipo de atividade genital erótica. "Sexualidade" não se referia mais à masculinidade ou feminilidade de alguém, mas ao sabor e expressão de seus desejos eróticos. Esse destronamento do "sexo" criou um vácuo conceitual rapidamente preenchido pelo termo "gênero".

---

2   Angela Franks, "Humane Vitae in Light of the War Against Female Fertility", *Church Life Journal*, 24 de julho de 2018.

A *ascensão do gênero*

Na década de 1950, apareceu em cena pela primeira vez a expressão "papel de gênero". Tratava-se de uma criação do psicólogo John Money[3]. Money, cujo trabalho agora é considerado, na melhor das hipóteses, controverso, foi um dos primeiros defensores proeminentes de uma noção *tabula rasa* da pessoa humana no que se refere à sua sexualidade. Defendia que o sexo biológico não tem conexão intrínseca com os papéis e comportamentos sociais de homens e mulheres; também traçou distinção entre sexo, um mero fato biológico, e "gênero", uma identidade social que é produto da cultura, e não da natureza.

O paciente mais famoso de John Money foi David Reimer, a ele confiado ainda bebê, depois que uma circuncisão malfeita destruiu seu pênis. Money, que acreditava que o gênero era construído socialmente, convenceu os pais de David a criá-lo como menina e entregá-lo à supervisão clínica de Money. David tinha um irmão gêmeo idêntico, e Money viu nisso uma oportunidade de ouro para testar suas teorias mediante um experimento controlado. Os pais de David infelizmente concordaram, submetendo-o a mais cirurgias genitais e renomeando-o Brenda.

Como parte de seu experimento, Money se reuniu com os gêmeos anualmente, durante toda a infância deles. Suas sessões com as crianças eram perturbadoras e invasivas, envolvendo situações claras de abuso sexual, entre elas a de obrigar as duas crianças a encenarem várias posições sexuais e inspecionarem as genitálias uma da outra[4]. Quando adolescente, David tornou-se suicida e rejeitou sua

---

[3] John Money *et al.*, "An Examination of Some Basic Sexual Concepts: The Evidence of Human Hermaphroditism", *Bulletin of Johns Hopkins Hospital* 97, n. 4, 1955), pp. 301-19.
[4] John Colapinto, *As Nature Made Him: The Boy Who Was Raised as a Girl*, Harper Perennial, Nova York, 2006.

identidade feminina, vindo então a descobrir, pela confissão de seus pais, a verdade sobre seu sexo. Ele passou por mais cirurgias na tentativa de reverter a mudança forçada e adotou o nome de David (seu nome de nascimento era Bruce). Quando adulto, David se casou e adotou três filhos, e por um tempo parecia que ele poderia resgatar uma vida normal — ao menos até 4 de maio de 2004, quando, aos 38 anos, ele tirou a própria vida, apenas dois anos após o suicídio de seu irmão gêmeo.

A tentativa de Money de demonstrar a veracidade de suas teorias fracassou catastroficamente; suas teorias se demonstraram não apenas errôneas, mas também *fatais* para seus dois objetos de pesquisa. Infelizmente, essa tragédia levou décadas para acontecer, e enquanto isso o maleável e desencarnado conceito de gênero de Money inundou a academia, enraizando-se completamente na teoria feminista e nas ciências sociais.

Graças às inovações de Money, a ideia recém-concebida do gênero como algo distinto do sexo tornou-se um recurso básico contra o essencialismo, que passou a ser visto de forma irreversivelmente negativa. Suplantando o paradigma anterior, que se baseava no sexo como categorização holística para classificar homens e mulheres, surgiu um novo paradigma que distinguia entre o sexo como realidade biológica básica e o gênero como uma coleção de normas e ideais socialmente construídos, os quais acabaram por ser associados a cada sexo e erroneamente interpretados como naturais. Essa é a compreensão feminista clássica da segunda onda, a compreensão que assimilei quando comecei meus estudos feministas: sexo se refere à biologia e o gênero, aos significados sociais ligados ao sexo.

Podemos entender por que essa distinção atraiu as feministas, já que facilitou um avanço importante para além das definições redutivas, e muitas vezes misóginas, do que significa ser mulher. Historicamente, houve quem lançasse mão de argumentos que recorriam às fraquezas ou deficiências "naturais" das mulheres para justificar a negação de certos direitos e oportunidades, como o direito de votar ou cursar medicina. Às vezes, as diferenças entre os sexos têm sido entendidas como diferenças de valor e traduzidas em papéis sexuais rígidos e específicos, criando uma hierarquia de superioridade e inferioridade em favor dos homens. Sem o conceito de gênero como algo distinto do sexo, essas ideias sobre a mulher podem facilmente ser naturalizadas e vistas como inatas e inevitáveis, e não como distorções culturais. Vejamos alguns desses argumentos em termos muito básicos:

Premissa 1: Homens e mulheres são essencialmente ou ontologicamente diferentes.

Premissa 2: Cada diferença representa uma diferença de valor.

Conclusão: Os homens são essencialmente superiores às mulheres.

Premissa 1: Homens e mulheres são essencialmente ou ontologicamente diferentes.

Premissa 2: Essas diferenças podem ser facilmente resumidas numa lista de traços contrastantes que caracterizam cada sexo (por exemplo, as mulheres são inerentemente mais emotivas, enquanto os homens são inerentemente mais racionais).

Conclusão: As diferenças entre homens e mulheres são claramente definidas e exigem papéis distintos e específicos para cada sexo no lar e na sociedade.

Na tentativa de derrubar as conclusões que propõem a inferioridade feminina e certa rigidez nos papéis sexuais, as feministas rejeitaram a primeira premissa de cada argumento, dedicando-se a atacar o essencialismo. O gênero tornou-se a principal ferramenta conceitual para desacreditar a ideia de que homens e mulheres são dois tipos essencialmente diferentes de seres humanos.

À primeira vista, a distinção entre sexo e gênero nesse uso feminista inicial parece direta: o sexo é um fato básico referente à própria biologia (feminilidade ou masculinidade), e gênero refere-se à coleção de significados culturais associados a cada sexo. Após um exame mais aprofundado, no entanto, torna-se difícil entender onde realmente está a demarcação entre os dois. Tomemos a noção de que as mulheres são mais carinhosas, por exemplo. Essa ideia é um produto da biologia ou da cultura?

O problema subjacente, é claro, está em que os seres humanos são seres sociais e biológicos; nossos cérebros neuroplásticos respondem ao nosso ambiente e nossas habilidades e limites biológicos moldam as normas culturais. Somos formados por meio de uma interação contínua e misteriosa entre natureza e educação. Uma distinção nítida entre sexo e gênero, portanto, simplifica demais a complexidade da personalidade humana.

Pode-se ver facilmente, no entanto, por que o gênero foi adotado como ferramenta útil na defesa dos direitos das mulheres. Este conceito acrescentou algumas nuances muito necessárias à antiga "questão da mulher", permitindo às feministas argumentar que algumas normas sexuais específicas brotam da cultura, e não da natureza, e que, portanto, para dar às mulheres maior igualdade social, seria necessário implementar mudanças culturais. (Deve-se notar, no entanto, que as feministas da primeira onda tiveram sucesso em conquistar direitos legais para as mulheres *sem* a ajuda do "gênero".)

Esses supostos benefícios têm custos? De que maneira a introdução do gênero como lente através da qual nos entendemos a nós mesmos altera, de forma sutil, nossa concepção da pessoa humana? Assim que o gênero adentrou o palco teórico, rapidamente se tornou a força dominante. O precário equilíbrio que a teoria feminista tentou manter entre sexo e gênero acabou sendo perdido; na virada pós-moderna da terceira onda, a distinção entre ambos se transformou num cisma total. O sexo se recolheu à sua esfera de influência, tornando-se um conjunto discreto de marcadores num corpo objetificado, dotado de pouco ou nenhum significado intrínseco.

Em última análise, o conceito de gênero abriu uma brecha entre *corpo* e *identidade*. O sexo antes se referia a um dado corporal, a um fato da natureza. No mundo do gênero, o corpo tem sua participação na constituição da identidade diminuída. "Mulher" não se refere mais simplesmente ao sexo, mas ao gênero, que é agora uma construção cultural amorfa e tenuemente relacionada com o sexo do corpo. Uma vez que esse distanciamento entre o sexo biológico e a identidade foi viabilizada por meio do gênero, não demorou muito — apenas algumas décadas — para que o significado de gênero mudasse mais uma vez, tornando-se totalmente dissociado do sexo, o que abriu caminho para uma compreensão ainda mais fragmentada e instável da personalidade. Tão logo o gênero deixou de estar ancorado na realidade do corpo, tornou-se um rolo compressor pós-moderno impossível de capturar, impossível de nomear. Ao contrário do sexo, o "gênero" pode ser continuamente alterado e redistribuído, e estamos testemunhando em tempo real a proliferação desenfreada de seu sentido.

Muita generosidade

As narrativas *pop* sobre o gênero muitas vezes fazem parecer que o gênero é algo *real,* mesmo que o próprio conceito resista ao menor indício de realismo... ou consistência. O gênero é um espectro! O gênero é fluido! O gênero é inato! O gênero está no cérebro! O gênero é uma construção! Embora essa enfática retórica sugira que a verdade a respeito do gênero está enfim sendo revelada, é cada vez mais difícil estabelecer uma definição de gênero, visto que são múltiplas, e muitas vezes contraditórias, as definições oferecidas. Passeemos por elas, ainda que de modo breve e incompleto.

Primeiro há a definição, decididamente anti*woke,* que vê o gênero como um simples sinônimo de sexo biológico. Essa é a visão do *cidadão alienado comum*, que em qualquer formulário marca a caixa com a letra M sem pensar na questão.

Depois, há a concepção feminista da segunda onda, que define gênero como os *apetrechos* sociais e culturais de cada sexo. Essa definição, que já teve *status* de vanguardista, vem se tornando obsoleta, embora ainda prevaleça entre as feministas de certa idade.

Outra amostra é a agora clássica definição oferecida por Judith Butler, madrinha da teoria de gênero. Butler, lembre-se, argumenta que gênero é uma *performance* inconsciente e socialmente motivada, uma série de atos e comportamentos que criam a ilusão de uma identidade essencial de "homem" e "mulher". Nessa visão, o gênero é uma construção *inteiramente* social, uma ficção complexa que herdamos e passamos a reencenar repetidas vezes.

Pode-se encontrar ainda outra definição numa narrativa transgênero comum: a do gênero como o sexo da alma, como a masculinidade ou feminilidade inata que pode ou não se "alinhar" com o sexo do corpo. Nessa compreensão, o gênero decididamente *não é* um mero construto, mas uma realidade pré-social, a verdade interior que estabelece o padrão segundo o qual o corpo deve ser avaliado.

Ainda mais recentemente, nasceu uma compreensão de gênero fofa e excessivamente complicada, a qual foi popularizada pelos memes do *Gender Unicorn* e da *Genderbread Person* (este segundo já passou por quatro revisões em sua breve existência). Nesse modelo, a identidade pessoal é coletada a partir de um *menu* de atributos, cada um dos quais percorre um espectro. *A identidade de gênero,* a exemplo da definição trans acima, está localizada na mente: "Como você, na sua cabeça, vivencia e define seu gênero". *A expressão de gênero,* uma versão diluída da performatividade butleriana, refere-se à aparência externa e a atos: "Como você apresenta o gênero". *O sexo,* que é "atribuído" em vez de reconhecido no nascimento, vê-se confinado à realidade observável entre as pernas. Completando a lista está a *atração,* que é dividida em duas subcategorias: física e emocional[5].

Certa vez, minhas alunas e eu mapeamos essas definições na lousa, alinhando-as lado a lado a fim de compará-las; contudo, em vez de patinhos organizados numa fila, nos deparamos com um bando de criaturas míticas que não se pareciam em nada. Várias dessas definições, empregadas regularmente pelos defensores da teoria de gênero, são contraditórias, até mesmo mutuamente exclusivas. Se o gênero é tão somente uma construção social, como também pode ser inato e imutável?

Além disso, quando utilizado por ativistas, o termo "gênero" é definido de forma circular e autorreferencial. Vejam-se, por exemplo, os termos num "glossário trans" apresentado na seção de recursos humanos do *site* da Universidade do Oregon. A "identidade de gênero" é definida como "a percepção

---

5 "Genderbread Person v4.0", Genderbread Person, acessado pela última vez em 3 de setembro de 2021.

que a pessoa tem de seu próprio gênero"[6]. No entanto, o glossário não possui o verbete "gênero". Ele inclui as definições de "expressão de gênero" e "papel de gênero", que também remetem ao conceito de gênero, mas sem defini-lo.

No meu recente treinamento de *compliance* — aquele que tentou, sem sucesso, me fazer usar a expressão "pessoa grávida" —, houve uma ginástica semelhante. Primeiro, afirmava-se que "os termos 'sexo' e 'gênero' são frequentemente usados de forma intercambiável" e que precisamos entrar em mais detalhes para entender cada termo. Justo. *No entanto*, o próximo parágrafo literalmente confundiu ambos os termos com uma barra, afirmando que o "sexo/gênero atribuído" pode entrar em conflito com a "identidade de gênero". E, é claro, a palavra "gênero" em si nunca é definida.

O que está em jogo aqui é um truque retórico. Primeiro se desestabiliza o leitor, que é sutilmente levado a acreditar que não está usando os termos "sexo" e "gênero" corretamente. Depois de semear essas sementes de dúvida, o treinamento prossegue usando esses mesmos termos sem defini-los com clareza e mantendo-os maleáveis, abertos a vários significados, o que o leitor aceita de imediato, presumindo que qualquer falta de clareza deve ser causada por sua própria ignorância.

É difícil saber se esta é uma estratégia explícita ou simplesmente o produto de um raciocínio obscuro e confuso. Não sei ao certo qual opção é mais deprimente: a ideia de que essa revisão radical da identidade é um trem desgovernado, acelerando pelos trilhos porque as engrenagens da lógica básica quebraram, ou a possibilidade de essas contorções de palavras e pensamentos serem movimentos estratégicos. Minha suspeita é a de que as ambos os casos são verdadeiros.

---

6   "Trans Glossary 101", University of Oregon Human Resources.

Essa circularidade se faz mais perceptível na classificação, cada vez mais comum, da mulher como alguém (qualquer pessoa!) que se identifica como mulher. Uma definição circular assim me faz descer imediatamente por uma toca de coelho e me deparar com uma lagarta gigante que zomba de mim lá do alto de um grande cogumelo, e com quem tenho uma conversa frustrante e sem sentido.

— Diga, por favor, o que *você* é? — pergunta a lagarta.
— Sou uma mulher.
— Ah, *é*?
— Sim, ao menos...

Faço uma pausa, subitamente insegura.

— ... acho que sou.
— Você se *sente* mulher?
— Não tenho certeza. O que é se sentir mulher?
— Sentir-se mulher é ser mulher — declara a lagarta, dando uma longa tragada em seu narguilé.
— Mas o que é uma mulher?
— Alguém que se sente como mulher.
— Mas... O que significa sentir-se mulher, se ser mulher é definido como sentir-se mulher?
— Transfóbica! — bufa a lagarta.

Essa sou eu: uma pequena e tonta Alice sentindo anéis de fumaça girando em volta da minha cabeça. Nada fóbica, mas tão, tão curiosa! O que *é* essa coisa chamada gênero? Se a palavra é um ovo e eu o abro, o que encontrarei lá dentro? Quanto mais estudo o que o gênero se tornou, mais o termo me parece um significante vazio, uma palavra que é apenas uma casca, convenientemente disponível para ser preenchida com qualquer sentido que pareça útil.

Quantas possibilidades existem! Há uma categoria de gênero para cada tendência, cada lampejo de humor, cada estética possível. Não sabe ao certo se você se sente homem ou mulher? Sem problemas. Existem infinitas opções. Aqui está uma pequena amostra do *menu*, que fica cada vez maior:

Agênero: pessoa sem gênero[7].
Bigênero: alguém que tem dois gêneros, que exibe características culturais de papéis masculinos e femininos[8].
Trigênero: este é um termo de identidade de gênero que na maioria das vezes significa uma de duas coisas. A pessoa trigênero pode sentir que não é homem nem mulher, mas também não está entre esses dois rótulos. Assim, define sua identidade de gênero à luz de uma terceira categoria, que não se situa entre homem/mulher. Do mesmo modo, trigênero também pode indicar a pessoa que sente ser uma mistura de três identidades de gênero[9].

Se esta abordagem do *uni, duni, tê* não é sua praia, você também pode trabalhar com frações:

Demigênero: pessoa que se sente parcialmente, mas não completamente, ligada a determinada identidade de gênero.
Demifluido: pessoa cuja identidade de gênero é parcialmente fluida, com a(s) outra(s) parte(s) sendo estática(s).
Demiflux: pessoa cuja identidade de gênero é parcialmente fluida, com a(s) outra(s) parte(s) sendo estática(s). A diferença com relação ao demifluido está em que o fluxo indica que um dos gêneros é não binário[10].

Com tantas opções, é fácil cansar-se de tomar decisões. Neste caso, você pode assumir para si a grandeza — ou

---

7 Universidade de Oregon, "Trans Glossary".
8 Johns Hopkins University, "LGBTQ Glossary", último acesso em 5 de outubro de 2021.
9 Gender and Sexuality Center, "Trans* Identities and Lives Glossary", University of Rhode Island, acessado pela última vez em 5 de outubro de 2021.
10 Universidade de Kent, "Trans Student Support Policy", última atualização em 2 de fevereiro de 2018.

melhor, a *imensa* grandeza — de ir além dos limites do espaço e do tempo:

Pangênero: identidade de gênero na qual a pessoa se identifica com muitos gêneros, ou quiçá infinitos (indo além do conhecimento de gêneros atual), em graus variados ou ao longo do tempo[11].

Estes não são termos selecionados de *blogs* aleatórios e fóruns de discussão. Todos foram retirados, letra por letra, de *sites* oficiais de universidades americanas e britânicas. Embora seja tentador revirar os olhos e desprezar o alcance do que essa "juventude universitária maluca" está fazendo, eu diria: *sites* oficiais são administrados por administradores, e não estudantes. Além disso, o que acontece no *campus* rapidamente se espalha pela cultura mais ampla, pelo setor corporativo, pela esfera pública e pelo sistema educacional como um todo. Afinal, esses alunos se formarão e entrarão no mercado de trabalho. O treinamento de RH que concluí demonstra claramente que isso já está acontecendo.

Sentir-se mulher

Todas essas definições de gênero baseiam-se num sentido subjetivo de identificação, em como alguém se "sente". Mas o que significa "sentir-se" homem, mulher, ou nenhum dos dois? Abordemos esta questão por meio de uma analogia, entrando num território em que as linhas entre as categorias ainda não foram borradas. Se digo que "sinto" que sou um gato ou que me "identifico" com um gato, estou expressando que tenho afinidade com o que imagino que deve ser a experiência de ser um gato. Não posso ter conhecimento

---

11 "Trans Inclusion Guidance", University of Essex, agosto de 2018.

direto e em primeira mão do que é ser *realmente* gato, uma vez que sou humana, não felina.

Para aproximar ainda mais a analogia, agora no âmbito da mesma espécie, digamos que tenho uma forte afinidade com os italianos. Sou americana pelo fato objetivo de ser alguém nascida e criada nos Estados Unidos, mas talvez ainda assim me "sinta" mais italiana do que americana. Adoro comer macarrão, gesticular enfaticamente com as mãos, sou católica... Tenho até sobrenome italiano, embora conquistado por casamento. Mas como não sou *realmente* italiana, estou me identificando apenas com minha percepção, minha fantasia, de como deve ser a experiência de ser italiana.

Tornemos a analogia ainda mais incisiva e desconcertante. Digamos que eu afirme que não sou realmente branca, embora a minha aparência seja a de uma. Na verdade eu sou uma negra presa no corpo de uma branca. Meu cérebro é o de uma pessoa negra, embora meu corpo seja branco. Sei disso porque eu me *sinto* assim. Eu odeio minha pele branca e meu cabelo liso. Sinto-me confortável perto de negros; amo *hip hop*, basquete e Toni Morrison. Não gosto da cultura branca. Numa sala cheia de brancos, eu me sinto deslocada. A minha alma é a de uma pessoa negra.

Espero que a reação de quem leia o parágrafo acima seja a de achar ridículo o que estou dizendo. Minha esperança está em que ele seja motivo de riso, ou até mesmo soe ofensivo. Se eu fizesse essas alegações com sinceridade, seria rapidamente amarrada a uma estaca e incendiada pelo pecado de apropriação cultural — e isso pelas mesmas pessoas que me enalteceriam como uma valente heroína se eu me assumisse como homem. As fronteiras entre raças e culturas estão mais policiadas do que nunca, mas a fronteira entre os sexos tornou-se completamente permeável.

"Sentir" não é "ser". Uma garota branca *não tem como* saber o que é ser uma garota negra. Ela só tem como saber como uma garota branca *imagina* que deve ser a experiência negra. Um homem *não tem como* saber o que é ser mulher. Só pode imaginar, desde uma perspectiva externa, como essa experiência poderia ser. Quando ele se afirma mulher, está se identificando com uma fantasia. E, muitas vezes, essa fantasia é construída a partir de um frágil feixe de estereótipos.

Quando eu estava no meu primeiro ano de pós-graduação em estudos de gênero, assisti a um especial de televisão sobre crianças transgênero. Isso foi por volta de 2007, e eu estava morando no Reino Unido. Mesmo no meu círculo acadêmico secular, o feminismo ainda não havia se aliado totalmente à narrativa transgênero. A atual onda transgênero, sobretudo entre adolescentes, ainda estava a anos de distância. Aquele especial tratava de um garotinho que insistia em que era menina, ao que os pais haviam começado a criá-lo assim. Ele provavelmente tinha sete ou oito anos e já adotara um novo nome e uma nova identidade social. O que me impressionou na época, e continua impressionando agora, é a prova da feminilidade do garoto: ele adorava rosa, preferia brincar de boneca e gostava de usar vestidos. Seu quarto parecia ter se submetido a uma explosão de tinta rosa. Até a forma como ele falava sobre ser menina tinha tudo a ver com os acessórios da feminilidade estereotipada. Havia um odor de consumismo pairando sobre toda aquela situação — como se os produtos que queremos definissem o que somos.

Eu, uma pós-graduanda feminista, estava cética. Não reconhecia aquela versão de feminilidade, exceto, talvez, como algo saído de um comercial de bonecas Barbie. Certamente não se assemelhava à minha própria infância. Eu nunca gostara muito de rosa: meu quarto era pintado de azul. Eu brincava com bonecas e bichos de pelúcia, mas também adorava fazer espadas falsas com réguas e papel alumínio, bem como construir itens do Star Trek usando Lego. Gostava de usar vestidos e brincar de faz-de-conta quando podia, temporariamente, escapar do aqui e agora e me tornar outra pessoa. Em geral, preferia usar roupas que me permitissem correr e sentir minhas pernas, rápidas e poderosas, me levando a lugares os mais distintos. Em termos de estereótipos, eu era indefinível. A ideia de que um menino é na verdade menina porque gosta de rosa me parecia, e ainda me parece, uma noção retrógrada e decididamente antifeminista, um retrocesso rumo a entendimentos caricatos de feminilidade e masculinidade.

Se ser menina e ser menino não residem mais no corpo, não há outro fundamento para esses conceitos *exceto* os estereótipos. Lembre-se da definição de "bigênero" oferecida pela Johns Hopkins University, alguns parágrafos acima? *Exibir características culturais de papéis masculinos e femininos.* Minha primeira reação a isso é: caramba, quem *não é* bigênero nos Estados Unidos do século XXI? Sou bigênero simplesmente porque sou provedora (um papel masculino, segundo o estereótipo) e uma mãe que lava muita roupa (papel feminino)? Meu marido é bigênero porque é um pai que fica em casa (papel feminino) e corta nossa grama (papel masculino)? Por que minha identidade como mulher é ameaçada ou diminuída simplesmente porque eu, um ser humano complexo, tenho acesas em mim muitas das estrelas na vasta constelação de tarefas e características associadas ao sexo? Essas definições estúpidas de gênero não acabam fortalecendo esses estereótipos arraigados?

Há uma ironia profunda aqui. Por meio do veículo da teoria feminista, o conceito de gênero deslocou a masculinidade e a feminilidade do sexo corporal. Totalmente desvinculado do corpo, o gênero é agora definido pelos próprios estereótipos culturais que o feminismo procurava desfazer. Noutras palavras, quando uma menina reconhece que não se encaixa nos estereótipos de menina, é convidada a questionar seu sexo, e não o estereótipo.

A era de Pigmalião

Quando o gênero permanece enraizado no sexo — quando a feminilidade se refere à condição feminina, em vez da personificação de um estereótipo feminino —, a "mulher" torna-se uma gaveta muito mais espaçosa, podendo abranger uma gama diversificada de traços, papéis e características físicas. A gaveta baseada em estereótipos é muito mais estreita, confinando a feminilidade a uma caricatura artificial, retocada e exagerada, a qual excluiria a maioria das mulheres, inclusive eu.

Quando vou à Missa na minha paróquia, situação que reúne um grupo diversificado de pessoas de todas as idades e tamanhos, não vejo uma única mulher que se pareça com Caitlyn Jenner na capa da *Vanity Fair*. Vejo garotas de calça de moletom e tênis, garotas com véus de renda e saltos; vejo mulheres altas, mulheres baixas, mulheres gordas, mulheres de ombros largos, mulheres magras, mulheres de seios grandes e pequenos, mulheres com cabelos compridos, mulheres com cabelos curtos, mulheres de saia, mulheres com camisas de flanela masculinas, mulheres com quadris largos, mulheres com quadris estreitos, mulheres com pneuzinhos, mulheres com rugas, ângulos agudos, peitos côncavos. Essa reunião de traços comuns — essa fatia da vida real — não se parece em nada com o artifício exibido em capas de revistas, nos *outdoors* e nos vídeos cheios de filtros das redes sociais.

Estamos vivendo na era de Pigmalião, aquele artista das *Metamorfoses* de Ovídio que quer uma esposa, mas despreza as mulheres reais. Ele pega o martelo e o cinzel e esculpe, na pedra, seu ideal. Ele a deseja; sua imagem de mulher é mais desejável do que a realidade. No mito original, Pigmalião quer se casar com ela, trazê-la para sua cama; em nosso tempo, Pigmalião quer *ser* ela. Em vez de ferramentas de escultor, ele trabalha com bisturi e seringas. Em vez de pedra, esculpe sua fantasia na própria carne.

Na narrativa de Ovídio, a criação de Pigmalião ganha vida por meio da intervenção divina, de um raio poderoso da deusa Afrodite. Em nosso tempo, não há deuses caprichosos que possam fazer a fantasia parecer real. Existe apenas o poder da linguagem.

A política da Universidade de Edimburgo sobre igualdade trans oferece as seguintes diretrizes para quem deve interagir com pessoas transgênero: "Pense na outra pessoa como alguém que pertence ao gênero ao qual ela lhe disse pertencer" e "use o nome e o pronome que ela lhe pedir para usar"[12]. Involuntariamente, essas diretrizes acabam por fazer uma confissão inesperada: você precisa se *convencer* ativamente de que a declaração de gênero da outra pessoa é verdadeira. Aceitar que um homem é mulher e que uma mulher é homem requer esforço — um esforço consciente de pensamento, pois isso vai contra a biologia e o bom senso. Como o paradigma de gênero não se baseia na realidade concreta, perpetuar esse quadro requer um policiamento cuidadoso do pensamento e da linguagem.

Isso explica o intenso foco nos pronomes por parte dos ativistas de hoje. *Deve-se* usar os pronomes declarados. Não fazê-lo é considerado um ataque malicioso à identidade e dignidade da pessoa. Além da mera ofensa, "errar o gênero" de alguém pelo uso dos pronomes incorretos é considerado nocivo, um ato de violência.

Lembro de me provocarem, no ensino médio, porque tinha "pernas de homem" e bigode. Isso era profundamente doloroso e fomentava as inseguranças que eu nutria quanto à minha aparência e ao fato de que não estava vivendo

---

[12] "Trans Equality Policy", Universidade de Edimburgo, última atualização em junho de 2016, http://www.docs.csg.ed.ac.uk/EqualityDiversity/Trans_Equality_Policy.pdf.

segundo um ideal. Não ameaçava o cerne da minha identidade como mulher, pois eu considerava minha condição feminina um fato do qual eu não podia escapar, gostando ou não. O conceito atual de identidade de gênero, no entanto, não se alicerça na realidade material. Um homem que se afirma mulher só é mulher na linguagem. Para o pós-moderno, isso basta, uma vez que *toda* a realidade, tudo o que consideramos "verdadeiro", é construído linguisticamente[13]. Deste modo, a construção da identidade de gênero deve ser continuamente sustentada pela linguagem a fim de ter aparência de verdade. Isso requer não apenas a autodeclaração do gênero, mas uma declaração que seja ecoada por todos. Se a identidade de gênero só existe na linguagem, nossa linguagem deve ser manipulada, ou então tudo desmorona. É isso o que está em jogo na batalha pelos pronomes: nossa compreensão da própria realidade.

A reformulação linguística da realidade está penetrando na esfera legal. A Lei da Igualdade foi um projeto de lei proposto nos Estados Unidos para vigorar a partir de 2021 e que teve sua aprovação na Câmara dada em 2019. Este projeto alteraria as Leis de Direitos Civis de 1964, substituindo a palavra "sexo" por uma Hidra de três cabeças: "sexo (incluindo orientação sexual e identidade de gênero)". Como sempre, a identidade de gênero é definida de forma circular, como "identidade, aparência, maneirismos ou outras características relacionadas ao gênero individual, independentemente do sexo do indivíduo no nascimento"[14]. Redefinir legalmente o sexo como algo que inclui a identidade de gênero, ao mesmo tempo que se define a identidade de gênero como algo não necessariamente

---

13 Essa compreensão da realidade como construção linguística é compartilhada pelos teóricos pós-modernos mais proeminentes, como Lyotard, Derrida, Foucault e Barthes. Cf. Christopher Butler, *Postmodernism: A Very Short Introduction*, Oxford University Press, Oxford, 2002, p. 21.

14 H. R. 5, 117º Cong. (2021-2022).

relacionado ao sexo, não faz sentido. Essa contorção linguística tenta unir duas coisas que estão em contradição direta: a visão de que o gênero se baseia no sexo e a visão de que o gênero *não* se baseia no sexo. Além disso, essa definição estabelece que o gênero — masculinidade e feminilidade — é uma questão de aparência e estereótipos, e não de biologia.

Permitam-me afirmar enfaticamente que não tenho objeções a que todos os cidadãos sejam legalmente protegidos de toda discriminação injusta. O problema surge quando direitos e proteções baseados no sexo se esfacelam a fim de acomodar o novo e inerentemente instável conceito de identidade de gênero. O tal projeto de lei efetivamente proibiria a existência de espaços, programas e instituições em que exista qualquer segregação sexual. Acabaria com o esporte feminino tal qual o conhecemos, porque, não importa como se identifiquem, os homens biológicos têm uma vantagem física inegável sobre as mulheres biológicas. Espaços como vestiários femininos, banheiros, presídios e abrigos domésticos não seriam mais restritos às mulheres. Espaços como esses só podem ser preservados quando há limites — limites que respeitem a realidade material, que reconheçam o fato fundamental de que mulheres e homens são biologicamente distintos. Espaços segregados por sexo, em geral, não existem para o bem dos homens, exceto no sentido de proteger os piores entre eles de seus impulsos mais sombrios. Esses limites existem para proteger mulheres e meninas, uma população mais vulnerável à exploração sexual e à violência.

Viajei para Israel em 2019 e, quando estávamos hospedados às margens do mar da Galileia, meu marido e eu caminhamos juntos até a praia, esperando mergulhar nas mesmas águas onde Jesus havia pescado. Enquanto estávamos ali, um homem vestindo um quipá se aproximou e nos disse, de maneira educada e direta, que aquela praia era apenas para homens e que havia uma praia só para mulheres logo acima. Fiquei surpresa, um pouco envergonhada, mas agradeci a ele e caminhei até a área das mulheres, onde me despi e mergulhei no mar. Depois de um tempo, muitas de minhas alunas se juntaram, assim como algumas mulheres e meninas israelenses, e todas nadamos e chapinhamos, numa solidão feminina coletiva. Algumas de minhas alunas se irritaram com a segregação, vendo-a como coisa sexista. Eu, de minha parte, a achei revigorante. Não estávamos *fazendo* nada conscientemente feminino, como muitas vezes acontece em retiros e conferências de mulheres, as quais eu tendo a detestar. Aquele era um espaço reservado apenas para existirmos como mulheres. Enquanto flutuava no mar da Galileia, sentindo os peixes rodando e nadando embaixo de mim, experimentei o silêncio da liberdade — a felicidade de passar, por um momento, despercebida.

Há algo de sagrado nesses espaços exclusivamente femininos, até mesmo no lodoso vestiário feminino na piscina do clube local. Talvez se trate do único lugar em que as meninas podem ver a beleza esquecida da nudez feminina completamente não sexualizada, testemunhar em primeira mão a diversidade da forma feminina, ter uma imagem concreta que pode contradizer as ficções nocivas que vêm sendo exibidas em todos os outros lugares.

Artifício

Trago aqui três histórias: dois mitos e uma dura verdade.

O primeiro mito é um *jataka* sânscrito do século VI — um conto que narra a vida anterior do Buda. Nesta história, uma *bodhisattva* chamada Rūpyāvatī corta seus próprios seios a fim de alimentar uma mãe faminta que está prestes a comer seu filho recém-nascido por desespero. Rūpyāvatī é elogiada por esse ato radical de autossacrifício, e em recompensa seus seios são divinamente restaurados. Até agora, a história é visceralmente bela e afirma com clareza o feminino: uma mulher salvando outra da morte pelo dom de sua carne vivificante. Vida e morte se aproximam, quase se confundem — a nova mãe está à beira de matar aquilo a que acabou de dar vida —, até que Rūpyāvatī intervém, e o espectro da morte é afastado por um gesto de amor de alguém que se doa.

A história não acaba aí. Depois que o corpo feminino de Rūpyāvatī é restaurado à integridade, ela pede ao "senhor dos deuses" que a liberte daquele corpo por completo:

> "Ó, brâmane, por meio desta minha verdade,
> que o meu sexo imediatamente se torne masculino,
> pois a masculinidade é um habitáculo de virtude neste mundo."
> Assim que disse ela essas palavras,
> alcançou a condição de homem [...],
> e quando seus dois seios
> (inchados como os lobos frontais de um elefante no cio)
> viram apenas alguns pelos de barba tão escuros quanto pó de colírio
> cobrindo aquele rosto semelhante à Lua,

imediatamente desapareceram, afundando no peito largo, como se por vergonha[1].

Esta é uma inversão desconcertante. Por que seus seios foram restaurados à integridade e, uma página depois, logo banidos novamente? Uma história que parecia mostrar respeito pelo corpo feminino subitamente se inverte, enviando uma mensagem clara: é melhor ter um corpo feminino curado do que um mutilado, mas é ainda melhor tornar-se homem.

Tive uma experiência de leitura semelhante com a história de Caenis, tal qual a lemos nas *Metamorfoses* de Ovídio. Caenis, ninfa "famosa por sua beleza" e que não deseja o casamento, é estuprada pelo deus Netuno enquanto "caminhava numa praia solitária". Ao que parece, aquela foi uma experiência tão agradável para Netuno que ele, qual um gênio sádico, se oferece para conceder a ela um desejo em recompensa:

Caenis respondeu-lhe:

> "O mal que me fizeste
> convence-me a pedir
> que não mais se me possa
> ofensa tal fazer.
> Quero deixar de ser
> mulher, como ora sou;
> melhor dom não concebo."
> E as últimas palavras
> disse ela numa voz
> mais grave, masculina:
> pois já o deus dos mares
> fizera-lhe a vontade[2].

Ambas as mulheres, quando têm a oportunidade, pedem que a intervenção divina as transforme em homens — uma,

---

1 Daniel Lopez (ed.), *Buddhist Scriptures*, Penguin, Nova York, 2004, p. 168.
2 Ovídio, *Metamorfoses*, Hackett, Indianapolis, 2010, pp. 331-32.

para alcançar um estado de ser mais elevado; a outra, para se tornar invulnerável ao estupro.

Em certo sentido, esses mitos estão se tornando realidade em nosso tempo. Nos últimos dois anos, houve um aumento exponencial na quantidade de pacientes que se apresentam em clínicas de gênero desejando a transição, bem como uma grande mudança demográfica. Antes da era da internet, os que buscavam a transição eram tipicamente homens de nascimento na casa dos quarenta anos. Em 2014, isso começou a mudar drasticamente; em 2019, três vezes mais pessoas nascidas mulheres, a maioria delas adolescentes, buscaram o procedimento.

Disforia de gênero, o termo clínico atualmente favorecido, refere-se ao extremo sofrimento psicológico que decorre de um sentimento de incongruência com o próprio sexo. A disforia de gênero entre crianças e adolescentes costumava ser excepcionalmente rara, afetando apenas 0,1% das crianças — e quase inteiramente meninos[3]. Antes de 2012, não havia nenhuma evidência científica de meninas adolescentes manifestando disforia de gênero[4]. O que estamos testemunhando é um fenômeno novo.

O Gender Identity Development Service (GIDS), no Reino Unido, fornece uma fonte clara de dados a respeito desta tendência; seus números formam o retrato de um fenômeno que vem ocorrendo na Europa, nos Estados Unidos e no Canadá. Vejamos especificamente os dados sobre o encaminhamento de crianças e adolescentes, grupo em que as taxas de transição estão disparando, para acompanhamento quanto ao gênero. Em 2010, 138 pacientes foram encaminhados para tratamento. Em 2015, o número saltou para 1.409 — e continuou a subir de forma constante, atingindo

---

[3] Abigail Shrier, *Irreversible Damage: The Transgender Craze Seducing Our Daughters*, Regnery, Washington, DC, 2020, p. xxi.
[4] *Idem*.

2.748 ocorrências no último ano registrado: 2019-2020. Em menos de uma década, os casos de acompanhamento de gênero aumentaram em quase 2.000%[5].

Embora tenha havido um aumento no encaminhamento de meninos, o aumento de casos femininos o supera por um fator de três. Essa disparidade é mais pronunciada na faixa entre 11 e 17 anos. Por exemplo, dos quase quinhentos jovens de 14 anos encaminhados para o GIDS em 2019—2020, mais de quatrocentos eram meninas. No geral, 75% dos encaminhamentos de adolescentes naquele ano foram de nascidas mulheres.

Essa nova onda de identificação trans entre os jovens difere das antigas apresentações "clássicas" do que costumava ser chamado de transexualismo. Ray Blanchard, psiquiatra e sexólogo de destaque, criou uma tipologia básica para transexuais no final dos anos 1980, categorizando-os em dois grupos principais. O primeiro grupo, "transexuais andrófilos", abarca os meninos que são mais estereotipicamente femininos em comportamento e aparência e, quando crescem, se tornam homossexuais. O segundo grupo, dos "transexuais autoginefílicos", contempla os homens que se excitam sexualmente com o pensamento de ser mulher; esses homens geralmente são heterossexuais e costumam fazer a transição numa idade mais avançada[6]. O trabalho de Blanchard tornou-se altamente controverso porque analisa o transgenerismo como um problema clínico, e não como uma identidade política. Sua taxonomia ainda é relevante para os homens que se enquadram nessas categorias clássicas, mas não explica a rápida explosão de identidades de gênero entre os jovens, sobretudo as mulheres.

---

[5] "Referrals to GIDS, Financial Years 2015-16 to 2019-20", NHS Gender Identity Service, acessado pela última vez em 18 de outubro de 2021. Esses números são atualizados regularmente pelo GIDS e estão sujeitos a alterações.
[6] Louise Perry, "What Is Autogynephilia? An Interview with Ray Blanchard", *Quillette*, 6 de novembro de 2019.

Este é um fenômeno complexo, influenciado por múltiplos fatores, vários dos quais mencionarei ao longo deste capítulo. O mais significativo, no entanto, é o desenvolvimento do próprio paradigma de gênero. Isso produziu uma "circularidade" na qual certas experiências humanas vêm categorizadas e interpretadas segundo a estrutura da teoria de gênero, que por sua vez molda essas experiências e reforça a estrutura[7]. Um homem com autoginefilia, uma mulher com histórico de abuso sexual que odeia seu corpo, uma criança autista que se sente diferente de todos ao seu redor, um adolescente solitário sedento de comunidade e identidade — qualquer uma dessas pessoas, ou todas elas, podem encontrar no paradigma de gênero uma explicação para sua dor ("Você deve ser trans") e uma solução enganosamente simples ("Mude seu gênero e você ficará bem").

Não creio que desmantelar a estrutura da teoria de gênero fará com que a experiência da incongruência sexual desapareça magicamente. Ainda haverá indivíduos com essa experiência, seja ela causada por uma condição neurológica ou um trauma, seja simplesmente porque se trate de pessoas com uma personalidade que está fora de sintonia com os estereótipos sexuais culturais. O que me interessa neste ponto, bem como ao longo de todo este livro, é questionar a estrutura que nossa cultura construiu para interpretar e categorizar essas experiências — uma estrutura que, a propósito, não foi desenvolvida por pessoas que se identificam como transgênero. A verdade, penso eu, está em que *o desenvolvimento dessa estrutura levou à identificação transgênero*. Há pessoas que sofrem, e o paradigma de gênero se tornou a lente dominante para interpretar esse sofrimento. Isso não é bom.

---

7 Para saber mais sobre a circularidade da teoria de gênero, cf. Mark Yarhouse e Julia Sadusky, *Emerging Gender Identities: Understanding the Diverse Experiences of Today's Youth*, Brazos Press, Ada, 2020.

Eis a dura verdade: estamos vivendo numa época em que nossas jovens estão cada vez mais decidindo que seria melhor viver como homens. Para Caenis e Rūpyāvatī, bem como para muitas mulheres jovens de nosso tempo, a feminilidade tornou-se um fardo insuportável, e não uma dádiva.

E isso deveria nos alarmar.

Hipersexualização

O que está alimentando a fuga da feminilidade? Há anos tenho observado à distância o desdobramento dessa tendência, tentando rastrear sua gênese. Muitas vezes me lembro de um texto que trabalhei em sala de aula sobre a teoria de gênero: "O corpo e a reprodução da feminilidade", da teórica feminista Susan Bordo. Bordo escreve a partir de uma perspectiva feminista pós-moderna, baseando-se nas ideias de Foucault sobre as forças sociais que influenciam o corpo. Embora eu rejeite o pós-modernismo enquanto cosmovisão totalizante, há alguns *insights* que podemos extrair da filosofia pós-moderna; por exemplo, o modo como a linguagem e a sociedade moldam nossas percepções da realidade e da identidade. A análise de Bordo sobre a anorexia e a bulimia generalizadas nos anos 1970-1980 talvez possa lançar alguma luz sobre essa nova epidemia de nosso tempo.

Segundo Bordo, o corpo é um "meio de cultura", uma "superfície sobre a qual as regras centrais, as hierarquias e até os compromissos metafísicos de uma cultura são inscritos e, portanto, reforçados pela linguagem concreta do corpo"[8]. Bordo diz que certas patologias surgem em

---

[8] Susan Bordo, "The Body and the Reproduction of Femininity: A Feminist Appropriation of Foucault", em Alison M. Jaggar (org.), *Gender, Body, Knowledge*, Rutgers University Press, New Brunswick, NJ, 1989, p. 13.

resposta aos ideais de gênero de determinadas épocas. Ela traça, por exemplo, uma correlação entre os ideais vitorianos de feminilidade delicada e passiva e a ascensão da histeria feminina naquele período, bem como um paralelo semelhante entre o ideal da dona de casa dos anos 1950 e o correspondente aumento na agorafobia ao longo das décadas adjacentes. Em cada um desses exemplos, escreve ela, "encontramos, no corpo da sofredora, uma profunda inscrição do constructo ideológico da feminilidade emblemática adotada nos períodos em questão". Os transtornos alimentares, argumenta Bordo, funcionam de forma semelhante, como uma exibição exagerada de ideais culturais de feminilidade e como uma rebelião contra eles, "uma espécie de protesto feminista inconsciente". Como parte de sua análise, Bordo cita as memórias da anorexia de Aimee Liu:

> Na escola, ela descobre que seu corpo cada vez menor é admirado, não tanto como um objeto estético ou sexual, mas pela força de vontade e autocontrole que projeta... À medida que seu corpo começa a perder suas curvas tradicionalmente femininas, seus seios, quadris e barriga arredondados, e começa a parecer cada vez mais com um corpo masculino magro, ela começa a se sentir intocável, fora do alcance da dor — "invulnerável, limpa e dura, como os ossos protuberantes em minha silhueta", nas palavras de certa mulher. Ela despreza, em particular, todas aquelas partes de seu corpo que continuam a marcá-la como feminina. "Se eu pudesse eliminar [meus seios]", diz Liu, "[prefiriria] cortá-los, se necessário"[9].

Os paralelos entre esta descrição experiencial da anorexia e a disforia de gênero são impressionantes. Liu não quer simplesmente livrar seu corpo da gordura; quer, antes, apagar sua feminilidade, fazer com que as curvas que a marcam como mulher murchem e desapareçam.

---

9 Bordo, "The Body", 23.

Não sou a única a notar paralelos entre a disforia corporal e a disforia de gênero. Lisa Littman, pesquisadora da Brown University que publicou um recente estudo sobre "disforia de gênero de rápida evolução" entre adolescentes, descreve a descoberta de "muitos paralelos potenciais entre a anorexia nervosa e a disforia de gênero" no decorrer de sua pesquisa[10]. Ao recorrer à análise da anorexia de Bordo, não estou propondo uma teoria totalizante que explique todos os casos de disforia de gênero; o que quero dizer é que um aspecto desse fenômeno cultural mais amplo consiste numa rebelião, num protesto contra a hipersexualização do corpo feminino.

É difícil, talvez impossível, crescer como mulher e não absorver a dolorosa ideia por trás do mito de Caenis: ser mulher é ser vulnerável, em especial à exploração sexual. A ideia de que as mulheres existem sobretudo para o prazer dos homens nunca foi mais explícita, mais onipresente, do que em nossa era ostensivamente feminista. Algumas feministas até abraçaram isso, cantando os louvores sexo-positivos da pornografia e da prostituição como experiências libertadoras para as mulheres. Mesmo aquelas dispostas a identificar e criticar a sexualização generalizada das mulheres e meninas não se encontram em posição de reconhecer como o próprio feminismo contribuiu para isso. Acho enlouquecedor assistir feministas confessas condenando os frutos podres da revolução sexual enquanto simultaneamente cuidam de suas raízes.

Essa hipersexualização da feminilidade torna-se, para certos homens que se identificam como trans, uma espécie de fetiche sexual: uma fetichização simultânea do corpo feminino e de seus próprios corpos. Eles definem a mulher como um

---

10 Jonathan Kay, "An Interview with Lisa Littman, Who Coined the Term 'Rapid Onset Gender Dysphoria'", *Quillette*, 19 de março de 2019.

objeto sexual e desejam ser esse objeto. Em *Whipping Girl*, seu livro de memórias, Julia Serano, um homem transidentificado, escreve abertamente sobre suas próprias fantasias de estupro: "Embora eu nunca tenha acreditado no clichê de que as mulheres só servem para uma coisa, esse sentimento não deixou de se esgueirar em minhas fantasias". Ele descreve essas fantasias, que começaram na adolescência, como "sacramentos católicos bastardos"; tentara se livrar da culpa "combinando meu desejo de ser mulher com uma penitência e uma punição autoinfligidas".[11] Outro homem transidentificado, Andrea Long Chu, escreve que a pornografia é "a definição por excelência da feminilidade"[12]. Ser mulher é ser dominada, sujeitar-se ao desejo do outro, "tornar-se o que o outro quer"[13]. Chu critica a taxonomia de Blanchard porque acha que "autoginefilia" não é uma parafilia, mas característica de toda sexualidade humana. Todo mundo é mulher, diz ele, e todo mundo odeia isso.

Muitos autores católicos perceberam que os escritos de Chu apresentam paralelos obscuros com o ideal espiritual cristão de se render a Deus, um ideal cuja expressão mais perfeita é Maria. Como diz Angela Franks, "a cosmovisão de Chu é um negativo fotográfico erotizado do cristianismo, no qual a receptividade à ação amorosa de Deus é transformada em submissão aos ditames imperiosos do desejo"[14]. Nesses relatos niilistas, a realidade pessoal e corporal da feminilidade é apagada, abstraída em desejo masoquista, como se o "feminino" fosse simplesmente a forma platônica da objetificação sexual.

---

11 Julia Serano, *Whipping Girl: A Transsexual Woman on Sexism and the Scapegoating of Femininity*, Basic Books, Nova York, 2016, pp. 274-75.
12 Andrea Long Chu, *Females: A Concern*, Verso, Nova York, 2019, p. 63.
13 Chu, *Females*, p. 74.
14 Angela Franks, "Andrea Long Chu Says You Are a Female, and He's Only Partly Wrong", *Public Discourse*, 10 de dezembro de 2019; e também Stephen Abudato, "Andrea Long Chu's *Females* Subverts Subversiveness", *Catholic World Report*, 16 de setembro de 2020.

Quando leio esses relatos de feminilidade, sinto vontade de me esconder; fico querendo que as características visivelmente femininas do meu corpo se dissolvam e desapareçam completamente. Se é isso que significa ser mulher — ser degradada, dominada, despersonalizada, reduzida a um objeto para uso de outrem —, então não quero participar disso. *Quero deixar de ser mulher, como ora sou...* É de se admirar que nossas meninas estejam revoltadas?

Infelizmente, este motim ataca o alvo errado. Essas jovens estão rebelando-se, compreensivelmente, contra a hipersexualização do corpo feminino, mas fazem isso se voltando contra o próprio corpo. Para citar Bordo mais uma vez, "embora possamos falar significativamente de protesto, eu enfatizaria, ao mesmo tempo, a natureza contraproducente e tragicamente autodestrutiva (na verdade, autodesconstrutiva) desse protesto"[15]. Não obstante Bordo esteja, aqui, escrevendo sobre anorexia, eu aplicaria essa afirmação à atual epidemia de transição de gênero. Eliminar os marcadores visíveis da feminilidade pode parecer algo tão empoderador para a adolescente transgênero quanto para a anoréxica, mas essas formas de protesto são, em última análise, violentas e autodestrutivas. A melhor rebelião, e a mais difícil, consiste em enxergar a própria beleza e dignidade como mulher em meio a uma cultura que a nega.

O corpo feminino, em nossa imaginação comum, não mais faz referência à criação, à nutrição e a uma compaixão primordial, mas apenas à perspectiva de um prazer estéril. Nossos corpos são ferramentas para a gratificação. Tornar-se mulher nos faz sentir como se fôssemos vistas como algo menos que um ser humano completo, mais semelhante a um instrumento de prazer sexual.

---

15 Bordo, "The Body", p. 21.

Artifício

Por isso, nunca gostei de ter seios. Para começar, os meus apareceram muito cedo. Na sexta série, eu era um monstro, bem mais alta do que toda a turma e usando sutiãs tamanho 38; os meninos da minha classe inventaram uma musiquinha sobre o tamanho dos meus seios. Fiquei muito aliviada quando, na sétima série, outra menina desafortunada passara para o tamanho 40, substituindo-me como Rainha do Busto. Meus seios me faziam sentir exposta; a metamorfose do meu corpo parecia uma traição. Eu queria me refugiar no anonimato do peito chato e ficava atônita com as meninas que pareciam gostar de ter seios, que queriam chamar a atenção para eles, estufá-los e apresentá-los ao mundo como pães recém-assados. Eu só queria escondê-los.

Como era de se esperar, ganhar o corpo de uma mulher sendo ainda adolescente chamou a atenção dos homens mais velhos, e muito cedo eu fui introduzida no complicado mundo do sexo. Parecia-me difícil não achar que meu corpo, especialmente aqueles seios, aquelas malditas *saliências,* era parcialmente culpado por esta iniciação.

Em muitas ocasiões ao longo daqueles tumultuosos anos de feminilidade emergente, eu teria prontamente rezado a oração de Rūpyāvatī, para que meus seios retrocedessem de vergonha e desaparecessem.

Essa não era uma opção viável para mim; se fosse, eu teria pensado em aceitá-la. Mas nasci cedo demais para isso: vinte anos antes. Não me entenda mal; não estou expressando arrependimento, mas alívio. Meu alívio se dá porque, quando estive no meio de minha autodescoberta na faculdade, a única coisa que precisei questionar foram minha fé e minha orientação sexual, e não minha feminilidade em si. A *feminilidade* era um fato, e então aprendi a viver com seios em vez de me livrar deles. Por isso tive a dádiva de experimentar seu *telos* como fontes de vida e leite para meus bebês. O sofrimento crônico de ter seios, especialmente quando se trata de seios incomodamente lactantes, fica temporariamente suspenso quando da comunhão sem palavras da amamentação. Mesmo quando não estou amamentando, mesmo no caso da mulher que *nunca* amamenta, entendo que os seios são sinais visíveis do dom feminino, de sua capacidade e chamado para nutrir a alma e o corpo — a pessoa inteira — dos que estão sob nosso cuidado.

(Apesar desse conhecimento, admito sentir alívio quando chega a hora do desmame e meus seios voltam a ficar imperceptíveis, vazios e discretos.)

Avatares online

Ao longo da redação deste livro, li e ouvi dezenas de histórias de mulheres e meninas transidentificadas. Muitas delas são "destransicionadas", mulheres que, tendo se identificado como homens transgêneros por um tempo, e muitas vezes depois de alterar permanentemente seus corpos, decidiram voltar a se identificar como mulheres. O processo de transição consiste numa série de passos que normalmente levam um ao outro, como um efeito dominó: primeiro, a mudança linguística, a escolha de novos pronomes e um novo nome; depois, intervenções médicas, como injeções de testosterona, amputação de seios ou cirurgia plástica na genitália. As meninas que passam por uma transição linguística e depois voltam são chamadas de "desistentes", pois "desistem" do processo de transição antes que esteja completo. Aquelas que passam pela transição linguística e médica e depois retrocedem são chamadas de "destransicionadas", ou apenas "destrans".

Histórias de destrans estão se tornando mais comuns, apesar dos esforços dos ativistas trans por descartar e silenciar essas vozes. Enquanto a transição é louvada e celebrada como feito de uma autorrealização autêntica, os destransicionantes são ridicularizados como traidores da causa. Pessoas destrans são descaracterizadas pelos ativistas como fraudes iludidas, "mulheres cis" que na verdade nunca foram "verdadeiramente trans" e cujas histórias podem ser descartadas. As histórias dos destrans são ameaçadoras para alguns porque servem como espelho, refletindo uma realidade desconcertante que está em desacordo com a fantasia de uma autoinvenção perfeita e indolor.

Não há uma razão única a motivar a transição ou a destransição. Cada história que ouvi é única tanto quanto cada ser humano é único. No entanto, entre as histórias vislumbram-se padrões e semelhanças que sinalizam múltiplas forças causais em ação. Uma delas é o tema discutido acima: a hipersexualização de meninas e mulheres. A todo momento, ouço mulheres que fizeram a transição mencionando o desconforto que outrora sentiam ao se aproximar da puberdade e de repente receber atenção sexual indesejada de homens. Para muitas dessas garotas, a feminilidade parecia sinônimo de objetificação sexual. Não é à toa que quiseram se refugiar numa identidade masculina. Conheço bem esse desconforto; ele faz parte da minha própria história. Conheço a sensação de querer se dissociar de um corpo que está em um processo de mudança veloz, de querer me enterrar dentro de mim como uma tartaruga dentro de sua carapaça — uma carapaça, que, para meu horror, estava desenvolvendo seios.

Essa experiência adolescente comum é complicada por outro fator-chave, que diferencia minha puberdade nos anos 1980 e 1990 da adolescência de hoje: o crescente mundo da internet, que atualmente intermedeia a maioria de nossas interações sociais. Hoje, a internet é como a baleia de Jonas, uma animal selvagem que nos engoliu. Vivemos em sua barriga escura, com nossos rostos iluminados pelas telas.

Quando eu tinha doze anos, esse monstro marinho estava mais para um golfinho brincalhão com quem eu interagia de vez em quando. Era a época da conexão discada: devia-se esperar que ninguém estivesse no telefone fixo e aguardar cinco minutos excruciantes para que o computador se conectasse, lenta e desajeitadamente, à internet. Quando estava online, não via muitas imagens: apenas palavras coloridas em fundos brancos ou pretos, fontes e gráficos ruins, nenhum vídeo. Não havia influenciadores no Instagram e no YouTube. Não havia câmeras de *smartphones* com filtros lisonjeiros. Eu estava na pós-graduação quando entrei no Facebook, que ainda era limitado às comunidades universitárias. Eu já era professora, com um doutorado na mão, quando tive meu primeiro *smartphone*. Em minha época de adolescente torturada, desajeitada e sem amor-próprio, ainda não existiam as redes sociais e suas fantasias infinitas. Graças a Deus.

Em *todas* as histórias de transição que ouvi, a internet desempenhou um papel fundamental — mesmo na história de Laura Reynolds, mulher da minha idade que fez a transição bem antes da escalada atual e da existência das mídias sociais. Até ela encontrou pela primeira vez a tentadora perspectiva de mudar de sexo num fórum de mensagens da internet[16]. Destransicionistas mais recentes se descrevem imersos no mundo da internet, assistindo a vídeos do YouTube, acompanhando *blogs* do Tumblr e seguindo obsessivamente influenciadores trans em busca de dicas de como obter hormônios, limitar seios e elaborar uma narrativa convincente de disforia a fim de apaziguar médicos e familiares.

A esfera pró-trans tem uma forte semelhança com a esfera "pró-ana" e "pró-mia": sites e comunidades *online* que promovem a anorexia e a bulimia como estilos de vida

---

16 "Renegotiating Womanhood: A Detrans Story, with Laura", entrevista feita por Benjamin A. Boyce em 21 de janeiro de 2020, apresentada em vídeo no YouTube.

possíveis, oferecendo às seguidoras conselhos sobre como perder peso, suprimir a fome e sumir com os rastros da desordem alimentar. Essas comunidades quase adoram os distúrbios alimentares, divinizando-os como as deusas Ana e Mia. Elas não veem sua abordagem à alimentação e ao exercício como patológica, mas empoderadora, isto é, como uma fonte de disciplina e controle. Tanto os grupos pró-ana quanto os pró-trans promovem a automutilação como libertação, contando com o apoio dos pares e a pressão para motivar os seguidores em sua busca do corpo ideal.

O mundo da internet se presta a movimentos como esse por vários motivos. Em primeiro lugar, há a possibilidade de se conectar com pessoas com ideias semelhantes de todo o mundo e formar comunidades insulares. Na esfera pró-trans, os ativistas adultos muitas vezes incentivam os adolescentes a fazer a transição, enchendo-os de encorajamento e afeto — um afeto que pode, às vezes, cruzar a linha do aliciamento sexual[17]. Muitas das histórias de pessoas destrans que ouvi descrevem esse ambiente como um culto, caracterizado por um pensamento patologicamente grupal e pelo conformismo ideológico; chega-se a defender que os participantes se isolem de amigos e familiares que venham a levantar questões ou preocupações sobre a transição.

Os grupos pró-trans e pró-ana também compartilham de um esforço conjunto por impor violentamente um ideal fantasiado à realidade material do corpo. *Online*, é fácil acreditar que o corpo não importa. Corpos na internet não são mais "reais", mas projetados em imagens bidimensionais cuidadosamente selecionadas. No domínio da internet, a possibilidade de se autoinventar não conhece limites. Nossos *eus* são avatares e não se submetem às circunstâncias

---

17 Cf., por exemplo, Benjamin Boyce, "Coercion and Abuse in the Gender ID Community with GNC-Centric", entrevista de Benjamin A. Boyce, 14 de março de 2019, vídeo do YouTube.

físicas que são inescapáveis no mundo *offline*. *Online*, o sexo é apenas um rótulo selecionado dentre uma lista, uma fachada externa. O sexo torna-se gênero, uma estética cinzelada, completamente à parte da potencialidade reprodutiva. De certa forma, a transição é uma tentativa de criar, sobre um corpo idealizado, um filtro verbal que possa ser imposto ao eu. *Mostrar-se é tornar-se*.

Felizmente, a comunidade médica e a sociedade em geral não consideram a anorexia e a bulimia como algo a ser celebrado, o que ajuda a refrear o contágio e a manter aberta, para as pessoas com transtornos alimentares, a possibilidade de buscarem a cura. Não é isso o que acontece, porém, com as contorções corporais necessárias para sustentar uma identidade trans. A transição médica passou a ser adotada como atendimento-padrão para aqueles que sofrem de disforia de gênero, não obstante a falta de evidências de alta qualidade que justifiquem essa abordagem. Em 2016, o governo Obama empreendeu uma revisão exaustiva de todas as pesquisas revisadas por pares disponíveis sobre terapias cirúrgicas para disforia de gênero, com o intuito de decidir se tais procedimentos deveriam ser cobertos pelo Medicare. Depois de analisar as evidências, eles optaram por não emitir uma Determinação de Cobertura Nacional, dado que a eficácia desses tratamentos, a partir da evidência clínica, permanece indeterminada[18].

Mais recentemente, em 2020, o *American Journal of Psychiatry* publicou a correção de um estudo de 2019 que parecera sugerir que a transição médica seria benéfica para a saúde mental. O estudo original, no entanto, não comparara os resultados entre os indivíduos disfóricos em quem haviam sido realizadas cirurgias e aqueles que não as

---

18 "Decision Memo for Gender Dysphoria and Gender Reassignment Surgery", Centers for Medicare and Medicaid Services, modificado pela última vez em 30 de agosto de 2016.

tinham recebido. Quando os pesquisadores compararam suas descobertas iniciais com os dados oriundos desse grupo de controle, o benefício desapareceu: "No tratamento de transtornos de ansiedade ou humor, os resultados não demonstraram nenhuma vantagem da cirurgia se comparada ao acompanhamento clínico, à terapia medicamentosa ou à hospitalização após tentativas de suicídio". Essa atualização nas descobertas é impressionante: as intervenções médicas invasivas, caras e irreversíveis promovidas pela indústria médica *não resultaram em nenhum benefício para a saúde mental*[19]. (O estudo sequer avaliou a saúde física.)

Essa atualização recebeu pouca atenção da mídia, ao contrário das descobertas originais. Assim, organizações e profissionais médicos continuam a impulsionar o modelo pró-afirmação de gênero. Em vez de explorar, por meio da psicoterapia, os possíveis motivos pelos quais determinado indivíduo pode odiar o próprio corpo, a recomendação consiste em essencializar esse ódio a si mesmo numa identidade inata, alterando permanentemente o corpo.

Medicalizando o corpo

Deixe-me fazer uma pausa aqui e observar que nem todas as pessoas que se identificam como trans estão de acordo com o modelo de terapia pró-afirmação. Muitos reconhecem prontamente as realidades biológicas de seu sexo natal e preferem viver tranquilamente, fora dos holofotes gritantes das guerras culturais. Alguns, de fato, se opõem ativamente aos

---

[19] "Correction to Bränström and Pachankis", *American Journal of Psychiatry* 177, n. 8, agosto de 2020, p. 734. Estudo original: R. Bränström e J. E. Pachankis, "Reduction in Mental Health Treatment Utilization among Transgender Individuals after Gender-Affirming Surgeries: A Total Population Study", *American Journal of Psychiatry* 177, n. 8, agosto de 2020, pp. 727-34.

extremos do ativismo trans, sobretudo quando se trata da medicalização das crianças.

Uma dessas pessoas é Scott Newgent. Scott é um ativista trans, mas não o tipo de ativista que defende a transição como panaceia para adolescentes e crianças em sofrimento psicológico. Scott defende o bem-estar das crianças, lutando contra os extremos do paradigma de gênero. Como parte dessa defesa, ele escreveu, de modo vividamente detalhado, sobre o processo extenuante (e, no caso de Scott, quase fatal) de transição médica:

> Durante a minha transição, passei por sete cirurgias. Também experimentei uma embolia pulmonar maciça, uma transferência de helicóptero, uma viagem emergencial de ambulância, um ataque cardíaco induzido pelo estresse, sepse, uma infecção recorrente ao longo de 17 meses, devido ao uso de pele inadequada durante uma faloplastia (sem sucesso), dezesseis rodadas de antibióticos, três semanas de doses diárias de antibiótico intravenoso, a perda de todo o meu cabelo, uma cirurgia reconstrutiva no braço (apenas parcialmente bem-sucedida), danos permanentes aos pulmões e ao coração, uma bexiga cortada, alucinações induzidas pela insônia — ah, e perda frequente da consciência devido à dor dos pelos no interior da minha uretra. Tudo isso levou a uma forma de transtorno de estresse pós-traumático que me deixou aprisionada em meu apartamento durante um ano. Somando os meus gastos e os do meu plano de saúde, as despesas médicas ultrapassaram US$ 900.000[20].

Scott está contando essa história para contrariar a narrativa do "arco-íris transparente", segundo a qual a transição é segura, fácil e indolor — um tratamento mágico que pode, milagrosamente, transformar alguém no sexo oposto. Na realidade, enfatiza Scott, a aparência pode mudar, mas não o sexo. E mesmo essa transformação cosmética só pode ser alcançada com um grande custo para a saúde física.

---

[20] Scott Newgent, "Forget What Gender Activists Tell You. Here's What Medical Transition Looks Like", *Quillette*, 6 de outubro de 2020.

O ativismo incansável de Scott tem por objetivo proteger os jovens, que são cada vez mais dominados por uma ideologia perigosa — a qual, ademais, está agora alimentando uma indústria bilionária. Se só a transição cirúrgica de Scott custou quase um milhão de dólares, imagine quanto dinheiro pode ser ganho colocando milhares de pessoas, incluindo crianças e adolescentes, no caminho de toda uma vida de medicalizações. A transição médica, afinal, não é um acontecimento único. Intervenções físicas, como a administração de terapia cruzada de hormônios sexuais, devem perdurar a fim de evitar que a realidade do sexo da pessoa se reafirme. Uma busca rápida por *top surgery* (mastectomia masculinizadora) — eufemismo atual para amputação de mama — no GoFundMe, site de financiamento coletivo, mostra mais de 37 mil resultados. Como as principais cirurgias custam entre US$ 5.000 e US$ 10.000, somente as pessoas que usam o GoFundMe (ou seja, apenas uma fração do total de cirurgias) gastarão quase US$ 300 milhões em cirurgias. Atualmente, mastectomias duplas estão sendo executadas em meninas de treze anos[21].

Uma intervenção promovida por ativistas e cada vez mais adotada por profissionais médicos consiste no uso discreto de Lupron, droga que pode interromper o processo natural da puberdade em crianças. Lupron é uma terapia hormonal aprovada para homens com câncer de próstata e mulheres com endometriose. Seu uso em crianças não foi rigorosamente estudado ou sancionado pela FDA. Estamos realizando experiências em nossos próprios filhos.

Em 2017, a Endocrine Society, principal organização profissional internacional na área de endocrinologia, divulgou novas diretrizes de atendimento a adolescentes com

---

21 Johanna Olson-Kennedy *et al.*, "Chest Reconstruction and Chest Dysphoria in Transmasculine Minors and Young Adults: Comparisons of Nonsurgical and Postsurgical Cohorts", *JAMA Pediatric* 172, n. 5, 2018, pp. 431-36.

disforia de gênero. Esses padrões de atendimento revisados afirmam que o trabalho dos endocrinologistas agora consiste em "afirmar medicamente" menores disfóricos, fornecendo drogas supressoras da puberdade e terapia hormonal cruzada. O endocrinologista Will Malone estava presente na reunião nacional quando essas diretrizes foram divulgadas. Ele ficou confuso com o redirecionamento repentino, sobretudo porque essas orientações quase certamente resultariam na esterilização do paciente, sem falar em outros efeitos irreversíveis. Quando ouviu as diretrizes pela primeira vez, o dr. Malone presumiu que teria perdido algum "estudo-referência", alguma "evidência impressionante" que poderia "mudar o cenário" de tal modo que justificaria a diretriz de que "o apoio à saúde mental e a psicoterapia são o passado e a afirmação, o padrão atual"[22].

Ele ficou desconcertado ao descobrir que uma tal evidência não existe. Essa mudança monumental na prática clínica foi respaldada por apenas um estudo holandês minúsculo e não controlado, com evidências de baixa qualidade. Segundo o dr. Malone, "a qualidade das evidências é tão baixa" que esses protocolos deveriam ser considerados terapias experimentais, só sendo oferecidos ao público por meio de ensaios controlados. No entanto, não existem ensaios assim atualmente. O dr. Malone é enfático: os endocrinologistas que seguem essas diretrizes estão "engajados na medicina experimental", e "como consequência os pacientes serão prejudicados. E é isso que estamos vendo".

O estudo citado como evidência para apoiar o modelo pró-afirmação de gênero, também conhecido como protocolo holandês, baseou-se em apenas 55 participantes[23]. Eram

---

22 Sasha Ayad e Stella O'Malley, "Hormonal Interventions — From Fringe to Mainstream: A Conversation with Dr. Will Malone", *Gender: A Wider Lens Podcast,* 8 de janeiro de 2021.
23 Annelou L. C. de Vries *et al.*, "Young Adult Psychological Outcome after Puberty Suppression and Gender Reassignment", *Pediatrics* 134, n. 4, outubro de 2014, pp. 696-704.

todos jovens que lutavam contra a disforia de gênero desde a infância e foram tratados com bloqueadores da puberdade e terapia hormonal cruzada, seguidos da remoção cirúrgica de mamas, útero e ovários no caso das meninas e da remoção de testículos e vaginoplastia para os meninos. O estudo não teve grupo controle — por exemplo, um conjunto de pacientes tratados com métodos não invasivos — e não avaliou os efeitos sobre a saúde física. Além disso, os resultados mostraram que a disforia de gênero e a imagem corporal negativa *pioraram* durante a supressão da puberdade. Ainda mais perturbador é que, para um dos vinte e dois meninos adolescentes, a vaginoplastia resultou em fatalidade: ele morreu de fasceíte necrosante após a operação. Mais de uma dúzia de outros participantes não conseguiram avançar, devido a complicações de saúde causadas pela administração dos hormônios cruzados. Ao todo, dos cinquenta e cinco participantes originais, apenas quarenta chegaram ao fim do estudo. O acompanhamento final, que mostrou algum alívio da disforia de gênero e taxas subjetivas de felicidade comparáveis às dos pares, foi realizado apenas um ano após a operação. Não houve avaliação a longo prazo da eficácia da afirmação de gênero por via cirúrgica.

Apesar da evidência de baixa qualidade e de uma taxa de mortalidade de 4,5% entre os meninos, a prática médica atual não apenas segue, mas na verdade *ultrapassa* as recomendações deste estudo não controlado, pedindo uma transição social mais precoce, algo que é desencorajado pelo protocolo holandês, e aplicando as descobertas a jovens com disforia de gênero de evolução tardia — uma população recém-emergente que não foi incluída no estudo original. Thomas Steensma, um dos principais pesquisadores por trás do protocolo holandês, recentemente questionou se as descobertas de seu estudo de 2014 deveriam ser usadas para tratar a atual população de jovens. "Não sabemos se os estudos que fizemos no passado ainda podem ser aplicados a esta época", disse. "Há muito mais crianças se registrando, e são crianças de um tipo diferente"[24]. Infelizmente, nos Estados Unidos e em outros lugares, os médicos não estão atendendo a esses apelos urgentes por pesquisas melhores, uma vez que a força por trás dessas mudanças cataclísmicas no protocolo é a ideologia, e não a evidência.

Ativistas e médicos aderentes promovem a supressão da puberdade como um "botão de pausa" totalmente reversível e sem efeitos a longo prazo. Essa alegação infundada figurava no *site* do Serviço Nacional de Saúde Britânico (NHS) — até que a redação foi discretamente alterada, em maio de 2020, para dizer:

> Pouco se sabe sobre os efeitos colaterais de longo prazo causados pelos hormônios ou bloqueadores de puberdade sobre crianças com disforia de gênero. Embora o Serviço de Desenvolvimento de Identidade de Gênero (GIDS) afirme que este é um tratamento fisicamente reversível quando interrompido, não se sabe quais podem ser os efeitos psicológicos. Também não se sabe se os bloqueadores hormonais afetam o desenvolvimento do cérebro adolescente ou dos ossos das crianças[25].

Esse reposicionamento se deu no contexto do caso Bell v. Tavistock, que foi aberto em outubro de 2019 e concluído em dezembro de 2020. Keira Bell, uma mulher de 23 anos, entrou com uma ação legal contra o GIDS por administrá-la bloqueadores da puberdade aos dezesseis anos, iniciando um caminho de medicalização que incluiria uma mastectomia dupla e anos de terapia hormonal cruzada. Bell provavelmente se tornou infértil por causa das drogas administradas,

---

[24] Berendien Tetelepta, "More Research Is Urgently Needed into Transgender Care for Young People: Where Does the Large Increase of Children Come From?", *AD*, 27 de fevereiro de 2021.

[25] "Treatment: Gender Dysphoria", National Health Service, última atualização em 28 de maio de 2020; James Kirkup, "The NHS Has Quietly Changed Its Trans Guidance to Reflect Reality", *The Spectator*, 4 de junho de 2020.

e seu período tomando testosterona conferiu-lhe características sexuais secundárias masculinas irreversíveis, como uma voz mais grave, pomo de Adão e pelos faciais.

Bell ganhou o processo contra a Clínica Tavistock em dezembro de 2020. O Supremo Tribunal considerou que crianças menores de dezesseis anos não podem consentir legalmente no uso de bloqueadores de puberdade. Depois de analisar cuidadosamente todas as evidências disponíveis, o Tribunal declarou que as drogas bloqueadoras da puberdade e a terapia hormonal cruzada são, de fato, tratamentos experimentais com impactos irreversíveis, ainda não respaldados por estudos científicos rigorosos. Com efeito, o julgamento do tribunal revelou que o GIDS nem sequer estava rastreando com precisão os resultados de seus tratamentos; os resultados de seu "experimento" não vinham nem sendo avaliados por meio de controles cuidadosos. Essa decisão histórica deixa claro que esses supostos tratamentos não são baseados em evidências, mas em pressupostos ideológicos sobre sexo e gênero e na decisão de preferir a *aparência* à saúde física e à funcionalidade[26].

As crianças que recebem bloqueadores da puberdade e depois se submetem a terapia hormonal cruzada *nunca passam pela puberdade*. Esse processo natural é completamente interrompido. Isso não apenas as leva à esterilidade permanente, como também interrompe o desenvolvimento crítico do cérebro e dos ossos que ocorre durante a puberdade. As ramificações de longo prazo dessa intervenção artificial ainda não são conhecidas. Já se demonstrou, no entanto, que

---

26 Em setembro de 2021, o Tribunal de Recurso revogou esta sentença inicial, apelando a precedente legal anterior de que "competia aos médicos, não aos juízes, decidir sobre a capacidade de menores de 16 anos de consentir em tratamento médico". Cf. "Quincy Bell e Mrs A v. The Tavistock and Portman NHS Foundation Trust: Judgment Summary", Judiciary of England and Wales, 17 de setembro de 2021. Bell planeja recorrer à Suprema Corte. Cf. Haroon Siddique, "Appeal Court Overturns UK Puberty Blockers Ruling for Under-16s", *Guardian*, 17 de setembro de 2021.

o uso pediátrico de Lupron pode levar à dor crônica causada pela fragilização dos ossos e à deterioração das articulações, bem como a rachaduras e queda dos dentes[27]. Além disso, ao contrário da retórica ativista, interromper a puberdade não é uma mera pausa que oferece mais tempo para o discernimento sobre a transição. Quase 100% das crianças que recebem bloqueadores da puberdade recebem, em seguida, terapia hormonal cruzada, com efeitos colaterais irreversíveis[28]. O Lupron não é um botão de pausa, mas um atalho.

Os menores que procuram esses tratamentos experimentam grande sofrimento psicológico, e como mãe sei que seus pais devem se sentir ansiosos por aliviar esse sofrimento. O caminho para esse inferno de medicalização vitalícia, sem dúvida, foi pavimentado com boas intenções; isso, porém, não é desculpa para conduzir um experimento em massa e não avaliado em jovens. Os adultos deveriam ser mais prudentes, sobretudo os profissionais médicos. Suspeito, e espero, que o caso Bell v. Tavistock seja apenas a primeira onda de um *tsunami* de processos judiciais.

Mulheres e meninas que buscam a transição médica e depois mudam de rumo sofrem efeitos irreversíveis, os quais variam entre algumas inconveniências e certas coisas devastadoras — e esses efeitos nem sempre são divulgados de antemão. O primeiro passo médico, geralmente, é a testosterona. De acordo com os influenciadores trans nas redes sociais, "T" é uma espécie de droga milagrosa; pode dar uma sensação de euforia e energia e dissolver as camadas de gordura que tendem a se depositar naturalmente ao redor dos seios e quadris das mulheres. Desviar o equilíbrio natural dos hormônios femininos, com prejuízo do estrogênio,

---

27 Christina Jewett, "Drug Used to Halt Puberty in Children May Cause Lasting Health Problems", *STAT News*, 2 de fevereiro de 2017.
28 Hannah Barnes e Deborah Cohen, "Tavistock Puberty Blocker Study Published after Nine Years", *BBC News*, 11 de dezembro de 2020.

oferece à paciente características mais masculinizadas, como aumento de pelos faciais, calvície masculina, voz mais grave... Isso tudo soa bastante inofensivo, até mesmo atraente, para alguém que quer parecer do sexo masculino.

O que acontece dentro do corpo é outra história. Com fome de estrogênio, os órgãos reprodutivos femininos começam a se decompor, tornando-se secos, endurecidos, fundidos, inflamados e propensos a infecções[29]. Essa atrofia galopante no útero e na vagina pode ser extremamente dolorosa, tornando atos simples, como caminhar, tarefas difíceis. Depois de anos recebendo testosterona, a atrofia geralmente piora a ponto de tornar a histerectomia recomendável. Em resumo: a testosterona mata lentamente os órgãos reprodutores femininos, até que eles tenham que ser removidos cirurgicamente.

Não obstante seja uma substância controlada, é fácil obter testosterona. A indústria médica adotou um modelo de "consentimento informado" para prescrever esses medicamentos, o que significa que alguém pode entrar numa clínica, assinar um formulário de consentimento e sair com medicamentos capazes de alterar toda a sua vida. Nenhum diagnóstico é necessário, e o adjetivo "informado", aplicado ao consentimento, nem sempre é preciso. Nos Estados Unidos, a Planned Parenthood tornou-se a principal distribuidora do que eles chamam de "medicamentos feminilizantes e masculinizantes[30]. Ela orgulha-se de seu "modelo descomplicado de 'consentimento informado'", que não requer o encaminhamento de um médico. Seu *site* lista os possíveis

---

29 Cf. M. Baldassarre *et al.*, "Effects of Long- erm High Dose Testosterone Administration on Vaginal Epithelium Structure and Estrogen Receptor -α and -β Expression of Young Women", *International Journal of Impotence Research* 25, 2013, pp. 172-77. Cf. também Juno Obedin- Maliver, "Pelvic Pain and Persistent Menses in Transgender Men", UCSF Transgender Care, 17 de junho de 2016.
30 "Gender Affirming Hormone Care", Planned Parenthood Columbia Willamette, acessado pela última vez em 5 de outubro de 2021.

efeitos da testosterona, focando nas mudanças externas (volume muscular, crescimento da barba). O efeito colateral mais desagradável listado ali é a possibilidade de acne e alopecia. Atrofia e esterilização não são mencionadas[31].

O modelo de terapia pró-afirmação criou um novo produto que está alimentando a crescente demanda do mercado. Em 2010, havia seis clínicas de gênero nos Estados Unidos que recebiam pessoas encaminhadas para tratamento de disforia de gênero com terapia hormonal cruzada, entre outras intervenções. Agora, existem sessenta e cinco dessas clínicas.[32] Trata-se de um aumento de 1.200% em uma década. Essas clínicas oficiais de gênero não incluem um número muito maior de clínicas locais, como a Planned Parenthood, que oferece terapia hormonal cruzada com base no consentimento informado.

Mackenzie, jovem americana destrans, foi atrás da Planned Parenthood em busca de testosterona. Como prometido, o processo foi simples. Ela sabia que sua voz ficaria mais grave, mas havia algo que a Planned Parenthood não lhe revelara: a testosterona torna a voz mais grave ao fazer com que as cordas vocais se alonguem e engrossem. Mackenzie, uma mulher magra, não tem um pescoço feito para acomodar cordas vocais grossas, e agora sua voz fica facilmente cansada; sua garganta dói se ela falar por longos períodos. Antes de sua transição, ela adorava cantar. Hoje cantar é difícil, e seu alcance vocal tornou-se limitado. Durante seu processo de transição, Mackenzie experimentou uma profunda dissociação de seu próprio corpo. Parte de sua jornada de regresso envolveu a reconexão com seu corpo por meio de meditação, exercícios e arte. Agora ela pensa em seu corpo como um amigo, em vez de um objeto

---

31 "Gender Affirming Hormone Care", Planned Parenthood of the Great Northwest and the Hawaiian Islands, acessado pela última vez em 5 de outubro de 2021.
32 Ayad e O'Malley, "Hormonal Interventions".

a ser constantemente avaliado. Além disso, vem tentando aprender a cantar novamente[33].

Pouco depois de ouvir a história de Mackenzie, me deparei com outras destransicionadas que mencionaram a mesma lesão vocal. Uma mulher postou um vídeo *online* de si mesma cantando "I Dreamed a Dream" e pedindo aos espectadores que repensassem a transição se quisessem manter a habilidade vocal. "Nada que se possa ganhar com a transição vale essa perda", escreveu ela.

Ao ouvi-la cantar, me senti arrebatada: primeiro, pela beleza de sua voz, profunda e rica, oscilando com um vibrato lindo. De início, eu não entendi o que ela queria dizer ao falar que sua voz fora arruinada. Em seguida, sua voz começou a tropeçar, desafinando nas notas mais agudas, oscilando como a voz de um menino púbere enquanto deslizava para a escala mais baixa. Eu a vi como que pressionando a garganta com a mão em algumas das notas, como se o esforço de alcançá-las causasse dor.

No entanto, mesmo em meio a essas falhas e às notas que por acaso soavam mal, percebi que estava testemunhando um tipo mais profundo de beleza: a beleza de uma mulher sendo ela mesma, livre de artifícios — cabelos curtos caídos para o lado, um traço de bigode no lábio, tatuagens aparecendo pela gola de sua camiseta... Tratava-se de uma mulher que não mais fugia de suas imperfeições, mas aprendia a fazer música com elas.

---

[33] "Mackenzie's Detransition Story", entrevista feita por Benjamin A. Boyce, 4 de abril de 2020, em *Calmversations with Benjamin Boyce*, podcast, 4 de abril de 2020, https://anchor.fm/boyceofreason/episodes/235--Mackenzies-Detransition-story-eccosu.

Totalidade

Eu dei à luz quatro vezes. Cinco, se você incluir o corpo minúsculo, não mais vivo, que foi liberado do meu útero após dez semanas de existência. As outras quatro gestações floresceram até o fim, esticando meu corpo numa incômoda metamorfose, na qual eu era o casulo. Depois que o bebê nasce, uma vez que a crisálida se abre para desvendar o rosto de um novo ser humano, sinto-me naufragada, lançada à praia em um estado de exaustão e abatimento — não pelo mar, mas por minhas próprias e terríveis ondulações. Assim começa a longa temporada do pós-parto, um período cansativo de que ninguém fala, que nunca aparece na tela e que só fica registrado em poucas páginas.

Depois de cada um dos meus partos, há um momento em que me vejo capaz de ir mancando sozinha até o banheiro, com uma enorme almofada pressionada entre as pernas, para coletar o jorro de sangue que sai quando fico de pé. Tenho que passar por um espelho para chegar lá, e não posso deixar de contemplar a estranha que aparece nele, como se ela fosse uma Górgona monstruosa e eu ficasse aprisionada por seu olhar. Vejo um corpo que não se parece comigo, que nunca combina com a forma como apareço nos sonhos ou com minha própria imagem mental. Ela tem um olhar atordoado, meio louco, como se tivesse acabado de sair do submundo; seus seios estão pendurados, já começando a se endurecer de leite; seu útero se projeta, esvaziado agora, mas ainda assim inchado, como continuará por meses. Essa

Medusa pós-parto me enche de nojo. Ela é grotesca e excessiva, sangrando e vazando, cheia de carne. Eu tento esquecê-la, mas ela está lá em todos os espelhos, olhando para mim quando espero me ver.

Com ela vem um terror silencioso que se infiltra lentamente na minha cabeça, como a água do banho subindo até me deixar submersa. Cada som repentino se torna uma ameaça, especialmente o choro — quando o bebê grita, sinto zunidos de eletricidade no meu cérebro, choques de pânico que às vezes são tão fortes que procuro a dor para aliviar a tensão, espetando a pele do meu braço com uma agulha ou golpeando minha coxa com uma chave até ela ficar roxa. Então meu pânico diminui, dando lugar a uma vergonha generalizada que se espalha, como magma, por todo o meu ser. Há momentos de calma e até de felicidade, sim — mas com que rapidez eles podem ser destruídos, como sou capaz de desmoronar em autoaversão e medos súbitos, como essa bandeira negra é capaz de se desdobrar e bloquear a luz!

Nesse estado, minha própria mente se torna um predador. Os pensamentos perfuram meu crânio como um saca-rolhas, girando e girando até que eu não possa removê-los. Eles atacam em momentos de silêncio, como durante a Missa, na qual, em vez de ver a Cristo na Hóstia elevada, vejo um atirador surgir dos fundos da igreja, ao que todos se encolhem sob os bancos; tento esconder meu bebê, mas ele está amarrado a mim e chorando, e o atirador pode ouvi-lo; não há saída; minha carne não pode deter a bala que vai perfurar nós dois.

Essas são, para mim, as consequências do parto. Mesmo agora, enquanto escrevo isso, quase nove meses após o último nascimento, ainda não consigo me olhar no espelho sem sentir nojo e desejo de castigar meu corpo, de submetê-lo matando-o de fome. Quando saio do banho, fico de lado, me escondendo do meu próprio reflexo. Eu nunca havia pensado, até recentemente, em comparar minha dismorfia corporal pós-parto com a disforia de gênero. Não sou atormentada pelo desejo de ser homem, é verdade. No entanto, quanto mais meu corpo se torna obviamente feminino, mais desconforto eu sinto.

Após a maternidade, anseio por incorporar uma fantasia em que o ser mulher está divorciado da feminilidade; uma mulher de corpo duro, quadril reto e sem seios, cujo útero é imperceptível, pouco assertivo. Mesmo enquanto desfruto da intimidade pele a pele da amamentação, meus seios me parecem intermediários, apêndices artificiais.

A agudeza do dualismo que sinto, esse senso do eu desintegrado, não é diferente das descrições que ouvi de mulheres que se identificaram em algum momento como trans. Não suponho que a minha experiência me dê uma visão completa da experiência transgênero — ela não dá —, mas, quando ouço mulheres falarem sobre disforia de gênero, sinto um eco em mim, uma voz interior que sussurra: *eu sei como é isso*. Ao contrário da disforia de muitas dessas mulheres, no entanto, a minha disforia é um fenômeno agudamente pós-parto e, pelo menos até agora, tende a se resolver quando paro de amamentar e meu corpo esvazia como um balão. Aceitar a verdade e o valor da minha feminilidade não resolve imediatamente os episódios de disforia corporal, mas, ao menos na maioria das vezes, evita que eu me torne autodestrutiva.

Precisei de anos, e de vários partos, para aceitar que meus pensamentos invasivos e minha autoaversão eram patológicos, sinais claros de ansiedade e depressão pós-parto. Meu primeiro instinto foi o de resistir ao rótulo, vencer por minha própria força, cerrando os dentes. Eu me agachei em uma alcova de negação, me protegendo da realidade — a realidade do meu corpo materno e a realidade do meu distúrbio mental.

Automutilação como autocuidado

De acordo com Laura Reynolds, ex-mulher identificada como trans, o paradigma de gênero "deu à automutilação o *status* de autocuidado"[1]. Esta é mais uma contorção linguística com consequências devastadoras. Como analisado no capítulo anterior, as diretrizes clínicas para a disforia de gênero mudaram nos últimos anos para o modelo de terapia pró-afirmação, que inquestionavelmente adota a interpretação do paciente a respeito de sua condição. Este parece ser o único canto da psicologia em que a abordagem típica do sofrimento psicológico é deposta, em que os profissionais são encorajados a aceitar integralmente a autoavaliação do paciente, em vez de testar essa avaliação contra a realidade.

Como seria, eu me pergunto, adotar uma abordagem, por assim dizer, "afirmativa" para minha própria doença mental? Como seria se um terapeuta afirmasse minha percepção da realidade? "Sim, é claro, você deve ficar hipervigilante o tempo todo, especialmente durante a Missa; vai que realmente apareça um atirador! Você está em constante perigo; seu bebê pode morrer a qualquer momento. Sim, seus seios não são *realmente* parte de você, uma vez que você se sente tão desconectada deles. Na verdade, você pode pensar em amputá-los, para que sua imagem no espelho não a incomode mais. E, sim, se você se sente uma mãe terrível, eu tenho certeza de que é."

Você pode achar que estou sendo irreverente nesse exemplo, dado que tais respostas soam absurda e extremamente opostas à normalidade terapêutica. No entanto, quando ouço as histórias dos destransicionados, geralmente é assim que eles descrevem suas experiências com as terapias afirmativas.

---

1 "Renegotiating Womanhood: A Detrans Story, with Laura", entrevista feita por Benjamin A. Boyce, 21 de janeiro de 2020, vídeo do YouTube.

Os médicos e terapeutas afirmativos não exploram outras causas ou soluções potenciais, mas enviam o paciente diretamente para o caminho da transição médica.

Certa jovem, de nome Grace, optou por informar ao seu médico que decidira fazer a destransição — uma jogada corajosa, que a maioria dos destransicionantes compreensivelmente não arrisca fazer[2]. Grace explicou ao médico que se arrependera de sua mastectomia e dos anos tomando hormônios cruzados e que esses supostos tratamentos lhe haviam trazido "dor, arrependimento e tristeza". O médico reconheceu que teria sido melhor para Grace se alguém lhe tivesse oferecido uma solução diferente da transição; então, para desconcerto da jovem, disse-lhe: "Não me parece que seja esse o meu papel." Como o médico via seu papel, então? Afirmação total, e apenas isso: se uma paciente diz que tem disforia de gênero, esse deve ser o diagnóstico oficial; e deve-se prescrever a terapia hormonal cruzada. O médico de Grace jogara inteiramente no colo dela a responsabilidade pelo diagnóstico — e também a culpa, quando as coisas deram errado. O médico disse que Grace havia se precipitado ao fazer uma mastectomia, cirurgia que fora oficialmente recomendada por ele, por escrito.

A experiência de Grace com uma terapeuta afirmativa não foi melhor. Quando Grace disse que estava questionando seu gênero, a terapeuta recomendou que ela começasse a prender seus seios, numa prática chamada *binding*, que pode causar dores no peito e nas costas, dificuldade para respirar e lesões na pele. "Esse acabou sendo o pior conselho que ela poderia ter me dado", disse a jovem. O *binding* causou dores físicas e piorou seu quadro de dissociação corporal. "Depois de alguns meses de *binding*",

---

[2] Carey Callahan (@mariacatt42), "Talking about Talking to Doctors", Medium, 26 de agosto de 2019.

disse ela, "eu realmente queria uma mastectomia, para poder parar com aquilo".

Quando Grace procurou um médico para investigar um possível quadro de TDAH, a resposta foi uma "bateria robusta de testes" antes do diagnóstico, e Grace não foi medicada até que seu distúrbio alimentar estivesse em remissão. Para a disforia de gênero, no entanto, ela não recebeu nenhuma avaliação robusta. Não foi avaliada quanto a quaisquer comorbidades antes de ser diagnosticada e receber prescrições de drogas pesadas e de intervenções cirúrgicas. Grace tinha um histórico de depressão, isolamento, trauma sexual e distúrbios alimentares, mas seu médico ou terapeuta não exploraram nenhuma dessas situações a fim de entender melhor a origem de sua dor.

Uma após a outra, ouço descrições de complexos sofrimentos mentais que foram atribuídos a uma única fonte — o gênero — e "tratados" por meio da solução não comprovada e generalista da transição médica. Não me surpreende que as pessoas se apeguem à noção de transição como uma panaceia para todos os seus problemas. A ideia de uma solução direta e decisiva para camadas de sofrimento psicológico seria tentadora para qualquer um. O que me surpreende é a atitude dos médicos, que saltitam irrefletidamente pela rota afirmativa sem se preocupar com a falta de evidências de alta qualidade que justifiquem a medicalização.

A disforia de gênero precisa ser reconhecida e tratada como uma doença psicológica. Entendo a resistência à qualificação do quadro em termos de distúrbio (desordem) e patologia, motivada pelo medo de que essa linguagem seja estigmatizante. Entendo, mas discordo. Reclassificar a *desordem* como *ordem* acaba com a possibilidade de recuperação. Penso nas minhas próprias batalhas contra a ansiedade, a depressão, a automutilação. Não quero que alguém me diga que essas coisas são normais e boas. Eu quero ser curada.

Totalidade

Penso em Jesus curando, nos Evangelhos, pessoas de todos os tipos de doenças. Elas clamam por Ele, o procuram, o invocam, intensamente conscientes de sua necessidade de cura. Não devemos resistir à qualificação patológica. Devemos resistir, sim, ao estigma, à alienação, daqueles que sofrem com sua saúde mental. Devemos normalizar essa *experiência* de sofrimento e luta, mas não a doença em si. E quando falo daqueles que lutam, eu me incluo entre eles.

Helena Kerschner, mulher que se identificou como trans por vários anos, escreveu incisivamente sobre o "hospício subterrâneo" da saúde transgênero, a qual é moldada antes pela ideologia do que por evidências sólidas[3]. Helena foi a uma clínica que praticava o consentimento informado quando decidiu iniciar a terapia hormonal cruzada. Embora tenha revelado na entrevista de admissão que sofria de uma depressão debilitante e que tinha pensado em suicídio apenas três dias antes, ela recebeu, imediatamente e sem avaliação psicológica, testosterona sintética — uma droga poderosa que pode causar perturbação do humor[4]. Helena não foi informada de efeitos colaterais graves, como a atrofia vaginal que posteriormente desenvolveu. Hoje, ela defende a "terapia compassiva e baseada em evidências" — uma terapia que atenda a pessoa como um todo. "Terapias verdadeiramente compassivas e salutares", escreve, "seriam a adoção de uma abordagem individualizada com cada paciente e o cuidado, de forma tão plena e não ideológica quanto possível, do bem-estar mental, emocional e físico do ser humano como um todo"[5].

O modelo afirmativo, embora muitas vezes motivado pela boa vontade, é, em última análise, antiético. Depende

---

[3] Helena Kerschner, "At What Cost? Trans Healthcare, Manipulated Data, and Self-Appointed Saviors", *New Discourses*, 6 de agosto de 2020.
[4] Helena Kerschner (@lacroicsz), Twitter, 16 de julho de 2019.
[5] Kerschner, "At What Cost?".

de uma noção diminuta e dualista da personalidade. Descartam-se, sobre o corpo, as noções de que ele é bom, de que é uma totalidade e uma dádiva. O corpo é visto meramente como um objeto inerte, sobre o qual se projeta um sentido idealizado do eu. Essa abordagem inverte a própria definição de saúde, buscando um "tratamento" que adoece um corpo saudável e interrompendo ativamente, de maneiras que causam efeitos em cascata, o delicado equilíbrio do sistema endócrino. Cirurgias invasivas em genitálias saudáveis são muitas vezes irreversíveis e envolvem dor, a curto prazo, e outras complicações a longo prazo. A abordagem pró-afirmação incentiva a violência contra o corpo saudável em vez de trabalhar cuidadosamente as causas ocultas do sofrimento psicológico e de buscar maneiras de gerenciar esse sofrimento sem causar danos físicos. Nesse modelo, o corpo é o bode expiatório, responsabilizado como única fonte da dor e sacrificado no altar da vontade própria.

No que consistiria abordar uma pessoa na profundidade de sua complexidade? Na plenitude de sua dignidade? Uma tal abordagem buscaria primeiro entender se a pessoa está realmente sofrendo de disforia de gênero ou se há algo mais acontecendo. Classicamente, a disforia de gênero se manifesta na primeira infância e, na grande maioria dos casos, resolve-se no processo da puberdade[6]. Em casos de início tardio ou súbito, é improvável que haja uma condição neurológica subjacente. Ouvi histórias de mulheres que experimentaram disforia na infância e nunca fizeram a transição; já ouvi histórias de garotas que fizeram a transição sem experimentar uma verdadeira disforia. Mesmo que

---

6 Vários estudos demonstraram uma alta taxa de desistência. Cf., por exemplo, Thomas Steensma *et al.*, "Factors Associated with Deistance and Persistence of Childhood Gender Dysphoria: A Quantitative Follow-up Study", *Journal of the American Academy of Child and Adolescent Psychiatry* 52, n. 6, junho de 2013, pp. 582-90. Este estudo mostrou uma taxa de desistência de 84%.

haja padrões e ressonâncias entre essas histórias, nenhuma é exatamente igual. Cada pessoa deve ser abordada em sua situação única.

Como seria levar a sério a realidade concreta, especialmente o corpo saudável? Como seria enxergar o corpo como parte integrante do eu? Como seria "testar" os pressupostos de uma pessoa em relação a essa realidade, levá-la a uma consideração fundamentada da existência material, em vez de fingir que a matéria não importa? E se aceitássemos, como um princípio orientador, a máxima: *não prejudique um corpo saudável*?

Como seria questionar gentilmente as suposições de um paciente a respeito dos estereótipos sexuais, em vez de reforçá-las? Encorajar uma exploração saudável da individualidade de cada um — dar a uma menina liberdade para viver sua feminilidade e a um menino, sua masculinidade, de maneira única e irrepetível? Isso também faz parte da visão criativa de Deus. Quando a identidade sexuada é fundamentada no corpo, em vez de confinada ao mimetismo estereotipado, somos mais livres para ser quem somos.

Até agora deixei claro que discordo da antropologia transgênero, ou seja, da negação do princípio sacramental de que *o corpo revela a pessoa*. No entanto, em todo desejo pode ser encontrado um desejo por algo bom, mesmo que esse desejo bom venha a ser distorcido ou direcionado para a coisa errada. As identidades trans sinalizam um anseio por *integridade*, por um sentido total de si mesmo, em que o corpo *de fato* revele a pessoa. Esse desejo é fundamentalmente bom; reflete a verdade do ser humano como unidade de corpo e alma. O erro está em achar que essa integração tem de ser alcançada por meio de um artifício, da violência contra o corpo, e não pelo reconhecimento de que, por nossa própria natureza, somos integrados. A mentira — *tenho de forçar meu corpo a revelar meu verdadeiro eu* — suplanta a verdade: *o corpo que sou já está, a cada instante, revelando minha personalidade.*

Esse desejo duradouro de integração e totalidade pode ser aproveitado, penso eu, como um caminho de passagem desde uma antropologia dualista para uma antropologia holística: como uma ponte da autorrejeição para a autoaceitação. Em muitas histórias de transição, noto um desejo fundamental de escapar do eu. O fascínio da transição não é a autoexpressão, mas a autodestruição e a criação de uma nova *persona*. Consigo entender como isso deve parecer fantástico, sobretudo para os adolescentes. Como eu teria aproveitado a chance de ser alguém além de mim mesmo no auge da adolescência! Minha intermitente ideação suicida na adolescência não dizia respeito tanto ao desejo de estar morto, mas ao desejo de deixar de ser eu, de me autoimolar e ressurgir como uma fênix.

O modelo afirmativo não é capaz de oferecer uma autoaceitação verdadeira, a menos que o corpo não seja mais considerado parte do eu. Optar por uma vida inteira de medicalização para manter a ilusão de uma identidade cujo sexo foi redesignado não é "ser quem você é". O modelo de afirmação é uma autonegação disfarçada de autoaceitação. Considerando que *nossos corpos somos nós mesmos,* o que está sendo "afirmado" é, em última análise, o ódio do paciente a si mesmo.

Alguns dos críticos mais assertivos da transição médica são *gays* e lésbicas que estão preocupados com o fato de o fenômeno transgênero ser uma forma socialmente elogiada de terapia de conversão, uma tentativa de "corrigir" o problema do desejo pelo mesmo sexo mediante a alteração do sexo da pessoa. Scott Newgent, a ativista transidentificada que mencionei no capítulo "Artifício", havia buscado a transição de gênero a fim de apaziguar a devota família católica de sua namorada. Em um ensaio para a *Newsweek,*

Newgent escreveu: "Levei 48 anos para perceber que fiz a transição porque nunca me aceitei, de todo o coração, como lésbica"[7]. Enquanto algumas pessoas têm desejos sexuais mais fluidos, certamente há aquelas para quem a direcionalidade da atração é fixada em direção ao seu próprio sexo. Quer escolham se identificar como *gays* ou não, a verdadeira autoaceitação deve incluir essa parte de sua personalidade. Para ter comunhão com Deus — e isso vale para qualquer um —, devemos trazer todo o nosso ser.

Pode ser preocupante, para alguns cristãos, que eu esteja seguindo esta linha de raciocínio; podem achar que, ao enfatizar a necessidade de aceitar o desejo pelo mesmo sexo, eu esteja rejeitando o ensinamento da Igreja sobre a moralidade sexual. Isso seria uma má interpretação. Acredito que o cristianismo ensina a verdade sobre a sexualidade humana e estruturei minha vida em torno dessa verdade. No atual momento, minha obediência se manifesta por meio de um longo período de abstinência, a fim de evitar uma nova gravidez enquanto meus ciclos não são suficientemente consistentes para registrá-los. Sei que ter outro bebê agora ameaçaria minha saúde mental e que preciso de estabilidade e me fazer presente para minha família. Estou ordenando minha vida sexual em deferência à conexão intrínseca entre a relação sexual e a existência humana. Tento viver em harmonia com essa conexão, e não negá-la. Não se trata de um caminho de puro repúdio, de negação — isso não seria sustentável. Minha abstinência é uma expressão de amor: por meu marido, meus filhos e por mim mesma, bem como pelo ordenamento divino da criação.

Um dos elementos mais bonitos do cristianismo é a aceitação do desejo como algo *bom*, ao contrário do budismo,

---

[7] Scott Newgent, "We Need Balance When It Comes to Treating Gender Dysphoric Kids. I Would Know", *Newsweek*, 9 de fevereiro de 2021.

digamos, que em essência vê o desejo como uma causa de sofrimento. Há um aspecto sagrado em cada desejo. O truque consiste em aprender a encontrá-lo, em aprender a canalizar nossos desejos para um bem maior que a gratificação sexual. A atração erótica pelo mesmo sexo não precisa ser, segundo uma perspectiva cristã católica, uma fonte de sofrimento e autonegação. Pela alquimia da graça, ela pode ser um dom, como todas as belas contradições que, juntas, compõem cada personalidade. Parte do trabalho de conversão está em aprender a amar quem você é, porque você foi feito para o amor e feito *pelo* Amor — um Amor que sonhou com você e, neste e em todos os momentos, entoa a canção de sua existência.

Sinceridade na caridade

Em 2014, lembro-me de conversar com uma amiga da pós-graduação que, à época, estava concluindo um doutorado na Costa Leste. Josephine é francesa, *queer*, pensativa e uma das únicas pessoas que conheci cujos olhos realmente sorriem. Fiquei preocupada com que ela fosse reprovar minha recente conversão ao catolicismo, mas isso não pareceu incomodá-la. Ela me tratou, como sempre, com carinho e generosidade. Recordo-me de ouvir sua descrição da cena LGBT+ na cidade de Nova York, incluindo o rápido crescimento do fenômeno transgênero, sobretudo entre os jovens: "Você não vê mais lésbicas caminhoneiras", disse-me. "Não com menos de 40 anos." Lembro-me de me sentir triste com isso, perturbada por haver certa categoria de feminilidade que estava sendo silenciosamente apagada.

Enquanto eu escrevia este livro, Josephine entrou inesperadamente em contato comigo e nos reunimos para uma chamada de vídeo. A primeira parte de nossa conversa consistiu em confissões mútuas: Josephine, ateia, estava trabalhando num livro que sempre puxava para a ideia de encarnação, o que em seu meio acadêmico europeu era uma grande bola fora. "Mencionar o catolicismo de maneira remotamente positiva *não se faz*", disse ela, rindo. Expliquei-lhe meu projeto de livro, que contraria o paradigma de gênero.

Inicialmente, essa não foi uma confissão muito chocante. Ela reconhecia os perigos das crianças não conformistas quanto ao gênero que são "lançadas numa estrutura" que as leva desnecessariamente ao caminho da medicalização. "Mas algumas crianças *são* transgênero", afirmou ela. "Isso é uma realidade." Eu podia sentir um abismo se formando entre nós, bem como a tentação imediata de ignorá-lo, de fingir que não estava lá. Estava começando a temer o momento em que Josephine perceberia que não estávamos do mesmo lado do precipício. Esse momento chegou quando admiti que não estava convencida de que a transição médica fosse algo bom. "Mesmo para adultos?", questionou. Eu fiz que sim com a cabeça, e então estávamos fora da zona segura. Eu podia sentir que, da parte dela, lentamente alvorecia a percepção de que meus pontos de vista se enquadravam na categoria do que ela considerava transfóbico.

Essa parte da conversa começou com uma discussão sobre *encarnação* e com o reconhecimento mútuo de que essa noção expressa a ideia de corpo e espírito unidos — "sempre juntos", para usar as palavras de Josephine. "Uma antropologia transgênero não entra em conflito com essa ideia?", me aventurei. "Como o corpo e o espírito podem ser um, se essa união deve ser infligida ao corpo?" Essa foi a palavra que usei: "infligida" — e ela reagiu fortemente ao termo.

"Como uma mudança de sexo pode ser um castigo pior para o corpo do que o castigo de ser obrigado a tentar fazer sexo com um corpo inadequado?", perguntou Josephine. "Isso não seria ainda mais traumatizante?" Para algumas pessoas, argumentou, a transição é o caminho para a autoaceitação. "A mudança de sexo pode ser uma dádiva para a encarnação de alguém", disse ela.

Gostaria de ter tido a clareza e a coragem de responder naquele momento, de dizer que a gratificação sexual não é um fim em si mesmo, que a encarnação não é algo que criamos, mas algo que recebemos. No momento, eu não tinha certeza do que dizer. Eu disse isso a ela, e nossa conversa parou num silêncio constrangedor. Josephine estava dando voz a um lado dessa história complicada que eu queria ignorar: o fato de que muitas pessoas transgênero parecem estar satisfeitas com suas transições. A evidência para isso é muitas vezes anedótica, sim, devido à escassez de estudos de longo prazo sobre os resultados da redesignação cirúrgica. (O único estudo de longo prazo que existe mostra um aumento de vinte vezes nas taxas de suicídio *após a* transição[1].) No mundo, existem pessoas transgênero bem ajustadas, que encontraram algum alívio na transição. Isso é um fato, e Josephine estava certa em apontá-lo.

Após a calmaria, decidi provocar a perspectiva de Josephine. "Como você define 'mulher'?", perguntei.

"Mulher!", respondeu. "Ah, mulher é *magia*." Nós rimos juntos disso; sua efusividade me aqueceu, me puxando para fora da concha em que tinha mergulhado. Ela continuou: "Há algo problemático em definir desde o início o que é 'mulher'. Cada categoria é uma simplificação da multiplicidade. Cada pessoa que é mulher se relaciona com esse fato de maneira diferente."

"Então, você vê 'mulher' como uma espécie de arquétipo, ou...?"

Ela pensou por um momento.

"Não, não é um arquétipo: a mulher é uma *forma de arte*."

Eu sorri com diante dessa ideia.

"Certo, então como a forma de arte da 'mulher' difere da forma de arte do 'homem'?"

---

1 C. Dhejne *et al.*, "Long-Term Follow-Up of Transsexual Persons Undergoing Sex Reassignment Surgery: Cohort Study in Sweden", *PLOS ONE* 6, n. 2, 2011, artigo n. e16885. Este estudo conclui: "As pessoas com transexualismo, após a redesignação de sexo, têm riscos consideravelmente maiores de mortalidade, comportamento suicida e morbidade psiquiátrica do que a população em geral. Nossas descobertas sugerem que a mudança de sexo, embora alivie a disforia de gênero, pode não ser suficiente como tratamento para o transexualismo e deve inspirar cuidados psiquiátricos e somáticos aprimorados após a redesignação de sexo para esse grupo de pacientes".

"O homem não é uma forma de arte!"

Ela riu disso, e eu tive que rir também, embora discordasse, pensando momentaneamente no *Davi* de Michelangelo — e ainda mais nos corpos esplendorosos de meus filhos, do meu marido. O homem é uma forma de arte magnífica.

"Penso em 'mulher' como penso em 'lésbica'", continuou Josephine, com um tom mais sério. Ela descreveu a posição nominalista-padrão assumida por muitas feministas — a ideia de que categorias como "mulher" e "lésbica" são construções, mas necessárias para o ativismo. "Você precisa da categoria para a luta política", disse, "tendo em mente que ela é uma ficção".

"Acho que é aí que discordo", falei. "Não acho que 'mulher' seja uma ficção; acho que precisamos de uma definição de 'mulher' que esteja fundamentada no corpo. Se a definição for fundamentada na potencialidade corporal da feminilidade, ser mulher não precisa significar conformismo a estereótipos sexuais. Há algo de libertador nisso."

Josephine hesitou.

"Sim, eu gostaria de pensar que a raiz de 'mulher' está, de alguma forma, no corpo", admitiu. "Não estou totalmente satisfeita com minhas próprias respostas!"

Percebi então que estávamos sentindo a mesma tensão, mas de ângulos diferentes. Eu não estava disposta a comprometer minhas convicções de que o corpo sexuado importa e é parte integrante do eu. Mas senti a necessidade de assumir uma postura política afirmativa a fim de tornar inteligível outra convicção: a de que as pessoas transidentificadas são amadas e feitas à imagem de Deus. Josephine, em contraste, não estava disposta a trair suas convicções políticas, embora se sentisse atraída por uma compreensão da mulher baseada na corporalidade. Estávamos num impasse.

Como cristã católica, sou obrigada a uma dupla verdade: a dignidade de todo ser humano e a dignidade do corpo humano sexuado. Essas verdades são entrelaçadas, inseparáveis. Uma antropologia transgênero diz, implícita ou explicitamente, que só posso afirmar a primeira rejeitando a segunda. Só posso proclamar a dignidade de uma pessoa trans afirmando que seu corpo é uma mentira. Isso me coloca num dilema, num cenário em que não há vitória possível. Se eu disser que o sexo importa, recebo uma passagem só de ida para a suposta transfobia. Se eu disser que o sexo não importa, estou traindo a verdade da minha própria corporalidade e a verdade da autorrevelação de Deus. Preciso estar em paz com a possibilidade de ser incompreendida, pois é necessário afirmar as duas pontas desta verdade dupla — com compaixão, certamente, mas é necessário afirmá-las.

Os debates sobre gênero e sexualidade, sobretudo nos círculos cristãos, tendem a se dividir em dois campos opostos, dos quais um finca sua bandeira na Caridade e o outro na Verdade. Sinto essa aparente tensão mais dolorosamente em torno do uso da linguagem. Para afirmar a dignidade e a personalidade de uma pessoa que se identifica como trans, espera-se que se usem pronomes alinhados ao gênero escolhido. "Errar o gênero" de alguém é visto como um ato de brutalidade, uma anulação da existência. Eu entendo esse argumento. Uma identidade transgênero não está enraizada sobretudo na realidade material, mas na linguagem. É por isso que há tanto fervor em torno das palavras, um esforço conjunto para usar a linguagem de uma maneira que reflita a antropologia transgênero. Se eu usar a palavra "ele" para me referir a um homem que se identifica como mulher trans, estou negando sua existência *como mulher*. É claro: ao mesmo tempo também estou *afirmando* sua existência como homem e como ser humano.

O uso de pronomes baseados no sexo, e não no gênero, é sem dúvida perturbador e provavelmente ofensivo para a maioria das pessoas transidentificadas. Uma atitude assim poderia fechar a porta para um relacionamento com essas pessoas. No entanto, se uso pronomes que entram em conflito com o sexo, estou concordando com uma inverdade. Ou melhor: através de minhas próprias palavras, estou *participando* ativamente de uma mentira.

*Sinceridade na caridade*². Esta é uma frase que ouço, uma frase à qual me vejo recorrendo sempre que me sinto puxada para essas direções opostas, para essas afirmações contraditórias. Ela facilmente se torna um lugar-comum, simples e banal, um fragmento escriturístico convenientemente usado para esculpir uma linha partidária. Essas palavras vêm do capítulo quarto da Carta de Paulo aos Efésios — uma passagem, ao que parece, que não é sobre partidarismo e divisão, mas sobre integridade.

O capítulo começa com uma litania da unidade: um corpo, um Espírito, uma esperança, um Senhor, uma fé, um batismo, um Deus, que está "acima de todos, por todos e em todos". Trata-se de uma passagem sobre eclesiologia, a natureza da Igreja, sobre como a comunidade cristã reúne todos os tipos de indivíduos, cada um com dons diferentes, num todo coeso. Esse todo é chamado de *corpo* — essa é a metáfora que Paulo usa, confiando na realidade integral do corpo para ilustrar sua visão da Igreja. A integridade pessoal do corpo e da alma não é simplesmente um princípio fundamental da antropologia cristã; também fundamenta a eclesiologia. "Praticando a verdade na caridade", escreve Paulo, "cresçamos de todas as formas naquele que é cabeça, o Cristo. É por ele que o corpo inteiro, coordenado e

---

2   A autora usa *"truth in love"*, que ninguém hesitaria em traduzir como "verdade no amor". Porém, como está se referindo ao quarto capítulo da Carta de São Paulo aos Efésios, julgou-se importante manter a terminologia aplicada nas traduções mais comuns no Brasil. São Paulo fala, nas nossas Bíblias, em "prática sincera da caridade" e "praticando a verdade na caridade". Convém lembrar que a palavra "prática" tanto denota "ação" como "discurso/conversa"; a prática sincera da caridade, em linha com o que a autora quer ensinar, é aquela que expressa a caridade verdadeira, em palavras e ações (verdadeiras e caridosas). Tanto em inglês como em português estamos vendo o desmantelamento de um falso dilema. — NT.

unido por meio de todos os ligamentos que o servem, segundo uma operação proporcionada a cada membro, opera o próprio crescimento, em ordem à sua edificação na caridade"[3]. A verdade e a caridade, ou amor, são uma só, uma vez que brotam da mesma origem: a fonte de Cristo, o Verbo Encarnado.

A verdade de Deus é amor, e o amor de Deus é verdade. Se alguma vez nos pegarmos sacrificando um pelo outro, estaremos nos desviando do caminho estreito. Em sua Primeira Carta aos Coríntios, Paulo nos dá uma imagem de como soa uma falsa verdade *sem* amor: um címbalo retinindo, uma bagunça cacofônica. Talvez a imagem contrária — amor falso *sem* verdade — constituísse um *jingle* publicitário, sorridente e circular. O amor divorciado da verdade cai na mera lisonja. Validar uma mentira não é amor. Não é caridoso colaborar com o autoengano de alguém. Para aprender a melhor forma de amar alguém, devemos estar dispostos a contar com a verdade da pessoa humana, que se encontra não apenas nas histórias pessoais escritas por nós mesmos, mas na história abrangente da totalidade.

Quando se trata de homens e mulheres, precisamos usar *uma linguagem baseada na realidade.* Dentro do paradigma de gênero, as palavras são usadas para impor uma estrutura que distorce a realidade e o valor do corpo, em especial sua dualidade sexuada. Essa distorção se perpetua pelo sequestro da linguagem. Sinto a tentação de aquiescer, de concordar, de dizer coisas inofensivas. Também estou ciente de que, ao fazer isso, torno-me parte do grande público, os não intolerantes, os *illuminati* do lado certo da história. Não sou tão egoísta quando também quero expressar minha crença em que uma pessoa trans tem valor infinito e é feita para a comunhão amorosa, como todos os seres humanos. Por

---

[3] Ef 4, 15-16.

causa disso, meus afetos e sentimentos puxam fortemente na direção da afirmação.

Sempre que possível, evito pronomes ao falar diretamente ou escrever sobre pessoas transidentificadas, a fim de não afastar desnecessariamente alguém que sou chamada a amar. Mas não posso ir além disso. Cada vez que penso em fazer uma concessão linguística completa, algo me impede. Encontro um limite rígido, uma linha marcada pela minha consciência — não na areia, mas na pedra. Chamar um homem de "ela" é uma mentira, uma inversão da realidade que essa palavra nomeia, uma realidade à qual pertenço, que não escolhi, mas que escolheu a mim. Eu me oponho ao próprio conceito de pronomes preferidos porque os pronomes não nomeiam uma preferência. "Ela" nomeia o que eu sou, meu direito de nascença como mulher, com todas as suas bênçãos e fardos. Distribuir essa palavra seria uma espécie de traição: a mim mesma, ao meu sexo e àquelas linhas de carne, tecidas pela natureza e a graça, que nos ligam a Cristo e também à terra, à fecundidade de sua vida.

Caridade na verdade

Somos amados com um amor infinito, que nos confere uma dignidade infinita. O amor sem limites de Deus enobrece cada pessoa humana. Por meio do milagre sempre presente da Encarnação, cada um de nós foi recebido na própria vida de Deus. Estas palavras são uma paráfrase; estou brincando com expressões de beleza vibrante da carta *Evangelii gaudium*, do Papa Francisco. Nesta carta, o Papa descreve o que chama *de arte do acompanhamento*, uma arte que começa por nos ensinar a "descalçar as sandálias diante da terra sagrada do outro"[4].

---

4   Francisco, Carta encíclica *Evangelii gaudium*, n. 169.

Recentemente, uma amiga em comum me colocou em contato com Adelynn, uma jovem vibrante que se identifica como uma mulher trans. Addy, cristã devota, estava ansiosa por falar comigo depois de ouvir uma entrevista em *podcast* que fiz sobre teoria de gênero e teologia cristã, e eu também estava ansiosa para falar com Addy. Enquanto escrevia este livro, conversei com várias pessoas trans com crenças políticas e religiosas variadas, mas nenhuma delas tinha uma perspectiva cristã teologicamente tradicional. Ou não eram cristãs de forma alguma, ou se tinham desviado para a heterodoxia. Addy, então, é uma espécie de unicórnio — uma pessoa jovem que abraça tanto o cristianismo ortodoxo quanto uma identidade trans.

Digo isso para Addy quando iniciamos nossa primeira conversa por chamada de vídeo.

"Tenho tentado encontrar alguém, algum pensador, que possa harmonizar uma antropologia cristã com a antropologia trans, mas..."

"Não existe ninguém", interrompe Addy, antecipando minhas próximas palavras. "Ninguém!"

Addy está trabalhando nisso, mas reunindo três linhas teológicas a fim de apresentar uma defesa da transição segundo uma perspectiva cristã. A primeira linha consiste numa leitura da Queda que situa as pessoas trans como paradoxos vivos, pessoas que vivenciam certa desconexão entre mente e corpo que é consequência da vida num mundo que perdeu sua harmonia original. Addy volta a esse tema repetidamente durante nossa conversa, apontando para a promessa da ressurreição, da restauração de todas as coisas criadas: "Deus consertará tudo o que Ele precisa consertar, seja minha cabeça ou meu corpo". Nesta leitura da Queda, essa reconciliação do corpo e da mente pode não ser atingível nesta vida; a unidade psicossomática que deveria estar presente em cada pessoa simplesmente não existe para alguns, e então a questão passa a ser como viver, sobreviver, em meio a essa dissonância.

É aí que entra o segundo fio condutor: o que promoveria a preservação do todo? Na experiência de Addy até agora, essa preservação veio na forma da transição — especificamente, de quase seis anos de terapia hormonal cruzada, a qual foi precedida por uma identidade social e legal feminina quando ainda estava na faculdade. Este é um exemplo do que você pode chamar de um caso clássico de disforia de gênero, em vez da onda de disforia de início rápido que está varrendo os adolescentes de hoje. Addy experimentara essa mesma sensação de incongruência quando criança, e esse sentimento persistiu até a idade adulta, quando se manifestou em sintomas físicos debilitantes, como vômito diário e magreza extrema. Esses sintomas se dissiparam; Addy agora está muito mais funcional e, por isso, não se arrepende da transição.

Ainda assim, as tensões teológicas não resolvidas são às vezes uma fonte de inquietação para ela, que, diferentemente de mim mesma quando mais jovem, não está deixando as questões difíceis de lado e tentando construir uma teologia fácil e sob medida, que apenas afirma e nunca confronta. Addy é alguém que luta ativamente com a verdade — como Jacó, batalhando com aquele misterioso ser divino ao longo da noite, até o amanhecer, recusando-se a soltá-lo antes de ser abençoado.

Quando Addy começou a transição, essa recusa tomou a forma de um voto decidido: "Não vou me afastar da Igreja". As poucas horas passadas na igreja a cada domingo eram felizes, "um pedaço do céu"; era como ser levada para fora do mundo e de todos os seus dolorosos paradoxos. "Eu não sentia vontade de ir embora depois da bênção", conta-me ela, e essa consolação despertou o desejo de estar na igreja com mais regularidade. "Mas acontece que, se você quer ir à igreja todos os dias, a única opção real é uma Missa católica". Então Addy passou a frequentar a Missa nos dias de semana e uma vibrante e multiétnica igreja reformada aos domingos.

Este compromisso ardente com a Igreja nem sempre foi correspondido. Durante a maior parte de nossa conversa, Addy se mostra otimista e sorridente, dizendo palavras que revelam um profundo amor por Cristo e seu povo. Mas também há lampejos de dor, vislumbres de feridas não curadas — feridas de abandono e rejeição. No que diz respeito a suas raízes, Addy é uma pessoa exilada; a transição na faculdade resultara em rejeição pública, sem aviso ou tentativa de reconciliação, por parte da comunidade da igreja. Essa rejeição logo foi replicada pela própria família de Addy, e a ruptura resultante tem durado seis anos até agora. Isso nos leva ao terceiro fio, à presença recorrente do pária nas Escrituras e na história cristã: o eunuco, o leproso — a pessoa que não se encaixa e é, muitas vezes, exilada.

Esse aspecto da experiência de Addy exemplifica certa abordagem que os cristãos acabam assumindo em resposta aos que adotam o paradigma de gênero — o caminho do ostracismo, da separação, de um "nós" de santos em oposição a um "eles" ostracizado. Mas eu diria que essa é uma abordagem que valoriza a verdade em detrimento da caridade e, portanto, é uma verdade falsificada. Mesmo as igrejas que não rejeitam ou evitam pessoas como Addy têm pouco a oferecer em termos de uma visão positiva sobre como viver os ensinamentos mais desafiadores da vida cristã. Como diz Addy, a Igreja, na maioria das vezes, "não costuma se aproximar e dizer: *é assim que vamos ajudar você a aguentar*".

Vejo nesta história outro modelo que os cristãos podem seguir enquanto navegamos em nossa cultura confusa e polarizadora. Ao terminar a faculdade, Addy foi dividir um apartamento com uma católica. Depois de sofrer tanta rejeição por parte de cristãos, Addy não tinha certeza de como essa colega de quarto reagiria. Mas a colega de quarto agiu de maneira notável: em vez de ser cautelosa e desconfiada, ela foi cordial e amistosa. Em vez de dizer a Addy o que pensar e no que acreditar, ela *quis saber* a perspectiva de Addy e como ela conseguia conciliar a teologia cristã com a escolha da transição. Essas perguntas, bem como o espírito em que foram feitas, provocaram ricas e longas conversas teológicas entre as colegas de quarto. Evitando os extremos fáceis da condenação, de um lado, e da afirmação bajuladora, do outro, a colega de quarto de Addy optou por cultivar um relacionamento, por fazer perguntas genuínas e, no fim, por convidá-la para a Adoração Eucarística.

O rosto de Addy se ilumina nessa parte da história, nesse encontro inicial com a adoração: "Eu *amei*!" Mais uma vez, me encanta a beleza de seu coração — um coração como o da noiva no Cântico dos Cânticos, que clama ao seu amado: *arrasta-me após ti*[5]. Isto é o que Cristo está fazendo: pacientemente, amorosamente, está arrastando Addy para si.

Os cristãos da cidade natal de Addy mostram uma possível resposta para aqueles que se identificam como LGBT+. Mas a colega de quarto de Addy nos revela um jeito diferente, mais cristão — o caminho do acompanhamento em lugar da rejeição; o caminho do amor, em vez do caminho do medo.

O acompanhamento é uma maneira de caminhar mais profundamente com alguém rumo ao coração de Cristo. Ao contrário do clichê, a conversão não acontece como um raio, de uma só vez; o Espírito Santo não é uma fada madrinha que deixa você pronta para o baile. A conversão é uma peregrinação constante, uma longa jornada rumo ao

---

5 Ct 1, 4.

coração de Deus. Há desvios e ziguezagues ao longo do caminho; nenhum de nós caminha em linha reta; nenhum de nós pode se virar sozinho. O acompanhamento evoca este sentido de conversão ao longo do tempo, bem como a necessidade de comunidade ao longo do caminho. O Papa Francisco traça distinção entre o acompanhamento como uma peregrinação com alguém em oposição a "uma espécie de terapia que incentive esta reclusão das pessoas na sua imanência"[6]. Noutras palavras, o verdadeiro acompanhamento tem um *telos,* um destino; é ordenado para o amor mais elevado. Embora deva começar pela afirmação do valor de um indivíduo, não pode terminar aí. Devemos viajar em direção à fonte desse valor, onde está a nossa paz.

Quando dei, aos trinta anos, uma guinada repentina em direção ao catolicismo, *não* estava de acordo com muitos dos ensinamentos da Igreja. Eu não era uma protestante típica e respeitável, repelida pelo macabro excesso do catolicismo, com suas estátuas chorosas e ossos de santos, com seus crucifixos horripilantes. Eu queria uma cruz com um corpo pendurado nela; ansiava por abrir os lábios e provar o Sangue de Cristo; teria adorado tocar a cabeça ressecada de Santa Catarina de Sena com minhas mãos nuas e trêmulas. Mas eu não entendia ou aceitava a resistência da Igreja à contracepção, à ordenação de mulheres e ao casamento entre pessoas do mesmo sexo, e me tornei católica antes de ter essas questões resolvidas. O início da minha conversão foi como descer, cega, por um tobogã sinuoso e chegar à saída de cabeça para baixo e sem fôlego, abrindo os olhos num mundo giratório e de ponta-cabeça. Não adotei imediatamente todos os ensinamentos católicos em minha vida pessoal. No Credo, eu omitia a frase *por nós homens.* Eu estava viajando sozinha, sem familiares católicos ou

---

[6] Francisco, *Evangelii gaudium*, n. 170.

amigos próximos para me guiar. Fui "acompanhada" apenas por Stephen, um ex-aluno que virou seminarista e a quem levava todas as minhas objeções, minhas dúvidas não resolvidas. Eu o questionei sobre a contracepção, o sacerdócio, a sexualidade. Na maioria das vezes, suas respostas me irritavam, e eu não as aceitava nem rejeitava. Eu as deixei ricochetear na minha cabeça como bolas de *pinball*, até que, ao longo de um período de meses, cada uma delas caiu em seu devido lugar.

Caso Stephen se apresentasse de armas em punho, me interpelando a respeito de minha vida sexual, me condenando por pular palavras no Credo, me convencendo a não ir à Missa até que os patinhos dos meus pecados estivessem todos enfileirados, talvez eu simplesmente não tivesse entrado na Igreja de forma alguma. Ou poderia ter permanecido uma católica ambígua, defensiva e desconfiada, mantendo-me afastada da plena comunhão com a verdade. Ele não fez isso. Ele mostrou-se sempre aberto e paciente; ele me ouvia; ele levava minhas preocupações a sério e esperava que eu o procurasse com minhas perguntas, em vez de me encurralar e forçar uma conversa. Quando eu ia procurá-lo, ele era honesto em suas respostas. Não adoçava ou usava palavras dúbias; falava as verdades difíceis, mas com um espírito isento de julgamento. Por isso, sempre serei grata a ele.

Mesmo quando falamos honestamente sobre as maquinações do paradigma de gênero, temos de perceber que existem pessoas reais, vidas reais, sendo movidas por essas engrenagens. Precisamos acolher essas pessoas em nossas paróquias, em nossas famílias, em nossas comunidades. É possível julgar se uma ideologia é verdadeira ou falsa, mas não podemos julgar pessoas; não nos foi concedido acesso às câmaras internas do coração humano. O estado de cada pessoa diante de Deus é um mistério que não pode ser conhecido externamente. Devemos criticar a estrutura, no momento e lugar apropriados, enquanto abraçamos aqueles que estão presos a ela, independentemente de como sejam suas aparências ou seus discursos.

Devemos aceitar que alguns homens e mulheres não terão o aspecto que esperamos ver. Se acontecer de avistar alguém que pode ser transgênero, você ainda não tem como saber se essa pessoa está no meio da transição ou da destransição. Como alguns aspectos da transição médica são irreversíveis, mesmo uma mulher que aceitou seu sexo ainda pode parecer transgênero. Ela pode conservar feições masculinizadas para sempre; isso não a faz menos mulher. As reversões cirúrgicas, mesmo se desejadas, nem sempre são possíveis, ou podem representar sérios riscos à saúde.

Lee, mulher que fora vítima de um terrível abuso sexual quando criança, fez a transição médica em idade mais avançada. Ela agora se arrepende, mas decidiu não se submeter a cirurgias de reversão. "Meu corpo não aguenta. Não tenho certeza de se sobreviveria a todas as cirurgias", diz. "Tenho de aceitar meu corpo do jeito que ele é agora. Do lado de fora, as pessoas veem um sujeito pequeno. Por dentro sou uma garotinha traumatizada. Mas estou me aceitando mais pela primeira vez. Só gostaria de que me tivesse ajudado a me aceitar mais cedo." Para pessoas como Lee, a autoaceitação consiste em abraçar o próprio corpo em sua condição atual[7].

É claro que a mulher atípica quanto ao gênero que você vê em sua paróquia local pode não ser identificada como trans. Ela pode ser apenas uma mulher que tem cabelo curto e gosta de usar camisas masculinas. Tanto os tradicionalistas tacanhos quanto os pró-gênero pós-modernos são vítimas do mesmo erro: definem masculinidade e feminilidade por meio de caricaturas estereotipadas e policiam

---

7   Laura Dodsworth (@barereality), "The Detransitioners", Medium, 18 de agosto de 2020.

esses estereótipos, avaliando quão bem os indivíduos se conformam ou não a um ideal fantasiado. Parte do combate ao paradigma de gênero deve consistir numa maior abertura à variabilidade *dentro* das categorias de homem e mulher. Pense em Santa Joana, a guerreira, em São Domingos, o mendigo, na gentileza de São Francisco de Sales, na fortaleza de Santa Catarina de Sena... Um rápido passeio pelos salões da comunhão dos santos revela manifestações heterogêneas do gênio feminino ou masculino que desafiam uma padronização invariável.

Foi-me dado amplo espaço para vaguear em minha jornada em direção à verdade, e o caminho sinuoso que tomei se situou, em grande parte, *dentro* da comunidade da Igreja, e não lá fora, do outro lado de um portão alto e trancado. A Igreja não é para quem já está pronto e é santo. A Igreja é para pecadores, céticos, cristãos iniciantes, pessoas em processo de conversão, hesitantes que caem e se levantam de novo. Nossas paróquias devem ser lugares onde a verdade é pregada, sim — mas também lugares onde as pessoas podem cambalear em direção a ela, sendo pouco a pouco renovadas.

Dom

Daisy Chadra era uma criança séria — criativa, intensa e, por temperamento, mais adaptada às tempestuosas charnecas inglesas do que aos subúrbios do centro-oeste americano. Mas nenhum de nós escolhe a hora ou o lugar em que caímos no mundo e entramos na corrente da história humana, e Daisy não é exceção. Se tivesse nascido um século antes, ela poderia ter se tornado outra Charlotte Brontë ou George Eliot, mulheres que escreveram romances sob personalidades masculinas, a fim de serem levadas a sério como escritoras e pensadoras. Quando criança, Daisy também era escritora, produzindo histórias que, aparentemente, sempre giravam em torno de heróis masculinos. Ela tentava conjurar heroínas convincentes, mas estas heroínas nunca tomavam forma, e por isso ela desistiu de tentar.

Desde tenra idade, Daisy declarou abertamente seu desejo de ser menino; e não importava quantas vezes seus pais lhe assegurassem que poderia viver a feminilidade de sua maneira única: ela não se convencia. Quando Daisy se projetava em direção ao horizonte do futuro, não via uma mulher andrógina ou uma mulher masculina — ela simplesmente não via mulher alguma. Só podia se imaginar crescendo na direção da masculinidade.

"Eu tinha essa visão de mim mesma que me parece hoje bastante misógina", disse-me: "Queria ser esse tipo de pessoa intelectual e estoica. A ideia arquetípica que tinha de mim mesma parecia inerentemente masculina."

Daisy tem um ar um tanto sério; ela fala com lentidão, buscando as melhores palavras para expressar um pensamento complexo. Há também certo calor e brilho nela, uma energia que acelera em sua voz ao longo de nossa conversa. Se eu tivesse de escolher uma palavra para descrevê-la, não seria *estoica,* mas *séria.* Ela fala sobre si mesma e sua vida de cima de um púlpito de sinceridade bem fundamentada[1].

Quando conversamos, disse a Daisy que ela me lembrava Simone Weil, mística do início do século XX que amava a fé cristã com a mesma intensidade que dedicava a manter-se afastada de seu corpo institucional; era como uma filha devota, mas autoexilada, da Igreja. Weil era uma intelectual inebriante, sim, e também uma mística de coração aberto, esperando a invasão de Deus. Tinha sido moldada pelo seu tempo e também estava fora de sintonia com ele. Tudo o que fazia era com intensidade. Daisy não cresceu no tumulto entre guerras mundiais como Weil ou na era vitoriana como Brontë e Eliot. Ela nasceu na virada do novo milênio, alcançando a adolescência ao lado da ascensão do Tumblr e do YouTube. Sua experiência de si mesma e de sua identidade foi intermediada não pelo moralismo estrito ou pela revolução marxista, mas pela nova onda *pop* da teoria de gênero, um ego do tipo "escolha a sua aventura". Essa estrutura, que dominou nossa imaginação cultural, fragmenta a personalidade em categorias como: identidade de gênero, expressão de gênero, orientação sexual e sexo biológico (para citar apenas algumas). Em vez de passar da adolescência para a feminilidade, ela fez um desvio acentuado aos dezessete anos, no final de seu primeiro ano do ensino médio, anunciando para a família e amigos que não era Daisy, mas Ollie — não uma mulher, mas um homem.

---

1 Meu relato da história de Daisy vem de minha entrevista pessoal com ela, bem como de sua entrevista a Benjamin Boyce e de um vídeo em seu próprio canal no YouTube. Usado sob permissão.

Isso foi em 2015, quando as taxas de transição de adolescentes começaram a disparar. Como a maioria dos adolescentes, Daisy mergulhou no mundo *online*, usando-o como fuga terapêutica da vida real e das turbulências da adolescência. Foi no mundo virtual que conheceu influenciadores trans nas redes sociais, vendo em suas histórias algo de si mesma. "Eu queria que a narrativa deles fosse a minha", disse ela. "Eles tinham encontrado seu verdadeiro eu, eram felizes, atraentes, bem-sucedidos na vida; e essas eram coisas que eu realmente queria." Ela começou a se perguntar se a peça que faltava para seu próprio sucesso e bem-estar não poderia ser atribuída a uma causa singular e fundamental: seu gênero. "A ideia de que eu estava vivendo a vida com o gênero errado", afirmou, "e que, se eu corrigisse isso, seria capaz de prosperar me atraía muito".

Daisy passou a adotar a linguagem e o enquadramento da teoria *pop* de gênero, interpretando sua experiência pelo prisma de suas categorias. Mesmo sendo ateia, abraçou o vernáculo espiritual da antropologia transgênero. "Tenho uma alma masculina e um corpo feminino", disse, descrevendo como pensava naquela época. "Eles estão em contradição, e eu não posso mudar minha alma. Então, tenho que mudar meu corpo."

No início, Daisy não teve certeza sobre a transição médica. Sua disforia nunca foi agudamente física; ela não detestava seu corpo feminino, mas queria ser percebida como homem e poder adotar perfeitamente um papel masculino na sociedade. Mas assumir-se publicamente como homem trans acabou sendo o primeiro passo para a medicalização. Ela queria ser levada a sério e, por isso, mergulhou no processo de transição médica. "Eu fui com tudo", declarou, "acreditando na promessa de uma vaga felicidade no futuro".

Assim que completou dezoito anos, Daisy foi a uma clínica de consentimento informado para começar a usar terapia hormonal cruzada. Acreditava que haveria algum tipo de avaliação psicológica, mas não houve triagem; uma ou duas horas depois de entrar na clínica pela primeira vez, ela recebeu sua primeira injeção de testosterona. Dois anos depois, novamente sem avaliação psicológica, foi submetida a uma dupla mastectomia. Ela tinha acabado de fazer vinte anos.

Até então, Daisy tivera poucas dúvidas sobre sua transição. "Fiquei realmente empolgada quando comecei a testosterona", disse, rindo. Cada mudança perceptível — a voz mais grave, os pelos faciais brotando — a colocava um passo mais perto da autotransformação completa. Sua transição tinha uma inclinação teleológica, dirigida a um objetivo final, e cada mudança ao longo do caminho constituía uma antecipação dessa realização final. Ouvindo Daisy descrever sua experiência, consigo entender como deve ter sido emocionante perceber aquela metamorfose tangível em tempo real, ver uma nova forma emergir do material do próprio corpo, ser escultor e estátua ao mesmo tempo. As dúvidas surgiram quando ela terminou a etapa final: a mudança legal de nome. Ela estava tomando hormônios cruzados, que vinham masculinizando seu corpo; havia adotado uma identidade legal e social masculina; tinha completado as únicas cirurgias que queria fazer. O processo em que havia embarcado estava agora completo. "Estava esperando aquele último suspiro de alívio", disse.

Não houve alívio. Em sua ausência — a ausência da realização pela qual ela havia ansiado —, as dúvidas começaram a se amontoar. A visão do futuro que a havia feito caminhar era agora o presente, e ela se viu, nas suas próprias palavras, "contemplando o abismo que o futuro devia ter sido". Estava devastada, carregando uma sensação doentia e profunda em seu peito, assombrada pelo pensamento de que nunca seria completa. Deparava-se agora com duas opções que pareciam inviáveis: viver com sua transição ou tentar revertê-la.

De início, ela escolheu a primeira opção, ocultando suas dúvidas no fundo de si, sem confiar em ninguém. Durante esse período, lutou com graves problemas de imagem corporal, ciente de que seu corpo alterado ainda não se parecia com o de um homem. Sentia-se, com seu sexo, uma incongruência contrária. Antes da transição, havia incongruência entre sua "alma masculina", como ela a chamava, e seu corpo feminino; agora, por sua vez, pareciam cindir-se o seu corpo feminino e toda a personalidade masculina que ela havia criado. Ao contrário da disforia inicial, essa nova incongruência era nitidamente física — e muito mais debilitante.

A transição é muitas vezes enquadrada como um cenário de "ou vai ou racha". As pessoas atingidas pela disforia são informadas de que, se não fizerem a transição, provavelmente se matarão e, caso se arrependam, provavelmente se matarão. Essa narrativa pode se transformar numa profecia autorrealizável. "Se não fosse por essa narrativa", reconheceu Daisy, "eu teria conseguido superar a disforia, me desenvolver como uma pessoa singular, aprender a ser eu mesma de uma maneira mais real e significativa". No inferno da dúvida, a trilha dessa profecia sombria continuou tocando em sua cabeça, e ela se tornou suicida.

Gostaria de fazer uma pausa aqui e enfatizar algo. Daisy tem o cuidado de insistir em que sua experiência é particular e não representa todas as pessoas transidentificadas, nem todos os destransicionados. Desejo insistir nisso também. Não estou descrevendo sua história para criar uma referência anedótica, mas para destacar como nossas estruturas orientadoras dão forma às nossas experiências e influenciam o modo como respondemos a elas. Nisso o pós-modernismo está certo: a linguagem que usamos, as narrativas explicativas em que estamos inseridos, moldam a maneira como interpretamos o mundo e a forma como optamos por agir nele.

A *hamartia* do pós-modernismo pressupõe que existem *apenas* narrativas, *apenas* lentes de interpretação, que nenhuma narrativa pode ser mais verdadeira do que outra, pois não há fundamento subjacente de significado. Caso exista tal fundamento, precisaremos avaliar nossas histórias explicativas de acordo com sua correspondência com a verdade. Nossas lentes podem iluminar e também distorcer. Nossas narrativas podem revelar *aquilo-que-é* e podem ocultá-lo. Nossa linguagem molda nosso senso de realidade, sim — e a realidade retrocede.

Há outro fio da história de Daisy a ser retomado aqui, outra transformação que se desenrolava simultaneamente: sua metamorfose interior.

No meio de sua transição, por volta dos vinte anos, Daisy começou a pensar em Deus. Não era um tema inédito em seus pensamentos, mas um tema, havia muito, adormecido. Tratava-se de um interesse de sua infância que se calara durante um período adolescente de ceticismo ateu. Ela agora estava na faculdade, se especializando em comunicação, enquanto fazia cursos de religião e filosofia. A princípio, esse pensamento sobre Deus era uma busca puramente intelectual; ela estava disposta a acreditar na existência divina, mas não necessariamente numa divindade pessoal que cuida e guia de maneira intencional.

Em seguida, o pensar sobre Deus tornou-se um pensar sobre Cristo. Ela se viu fascinada com a pessoa de Cristo. "Há uma sensação de completude e plenitude na história dEle", ela explicou. Daisy começou a visitar igrejas, não como fiel, mas como alguém que buscava. Ela se passava por Ollie, escondendo cautelosamente sua identidade trans, sem saber se seria aceita ou rejeitada pelos cristãos ao seu redor.

O interesse crescente de Daisy pelo cristianismo combinava com suas crescentes dúvidas sobre a transição. Ela contornava as margens da fé, permanecendo descomprometida. Ouvindo Daisy contar sua história, me pego imaginando duas estradas diagonais que começam distantes uma da outra e depois percorrem a terra até convergirem num ponto comum. Essa convergência de missões — a busca espiritual e a busca de identidade — se deu na primavera de 2020, durante a primeira onda de quarentenas e *lockdowns* do Covid-19.

Depois de tentar por meses se comprometer novamente com a transição, Daisy começou a se abrir sobre suas dúvidas, mas apenas para estranhos virtuais com quem tinha encontros. Agora que tinha passado pelo último obstáculo da transição, precisava lidar com as consequências da testosterona a longo prazo. Ela já a tomava havia três anos e vinha se conscientizando cada vez mais de que, por volta da marca dos cinco anos, seus órgãos reprodutivos provavelmente se atrofiariam a ponto de exigir a realização de uma histerectomia. A porta para a maternidade biológica estava se fechando. O desejo crescente de Daisy de um dia ter um filho superou o terror da destransição. "Naquela época", disse-me, "dúvidas sobre a transição me atormentavam dia e noite. E então eu parei de tomar testosterona. Eu pensei: 'Acho que é isso. Estou destransicionando'."

Na mesma época, Daisy decidiu experimentar o cristianismo na prática, em vez de observá-lo a uma distância segura. Ela se perguntou: "O que quero tirar do meu estudo do cristianismo? Qual é o objetivo disso?" Desesperada por algum sentido, começou a ler as Escrituras e rezou: "Deus, mostre-se". E Ele atendeu. "Pela primeira vez, eu sabia no que acreditava e sabia quem eu realmente era. Eu era de Deus", disse. "Eu pertenço a Deus."

Pode ser tentador ler essa convergência entre conversão e destransição de uma forma simplista e moralizada: a pessoa trans lê a Bíblia, se salva, se sente culpada, deixa de ser trans.

Isso "não chega nem perto do que aconteceu", disse Daisy. "Meu sentimento por ser trans não era de *culpa,* do tipo: 'Estou pecando, estou sendo má, estou sendo uma pecadora horrível.' Nada disso. Era algo como: 'Isso não é certo para você. Você não deveria estar fazendo isso'." A moldura cristã na qual Daisy lentamente entrou não era punitiva, legalista, uma moldura de tábuas frias e com condenações gravadas, que dissessem: *Você não é nada, seus desejos não importam, você é depravada por natureza.* Em vez disso, tratava-se do reconhecimento de um desejo mais profundo. "Talvez haja, em todos, uma parte inata que realmente queira viver com Deus", disse ela. "E talvez eu tenha encontrado essa parte de mim e tenha de nutri-la." Sua falta de vontade de se aceitar havia se tornado um "bloqueio" entre ela e Deus; e, quando ela decidiu fazer a destransição, "algum tipo de véu foi levantado, e senti que poderia me lançar inteiramente na minha fé". Não era uma negação do eu, mas uma redescoberta; não um repúdio da identidade, mas um desvelamento.

Totalidade

O que vejo na convergência das metamorfoses de Daisy não é quebra de regras e rebeldia, mas a assunção de *uma forma diferente de ver.* A mudança primeira e mais significativa se dá quando Daisy começa a se ver como uma criação de Deus. Ver-se qual um ser que é *criado* desloca a discussão da identidade para um novo terreno, em que se enquadra segundo uma ordem transcendente — uma ordem além da natural, que sustenta sua existência e salvaguarda seu significado. Ser uma criatura, mais do que um acidente, põe a pessoa humana como um ser-em-relação com o divino. Não estamos sozinhos no cosmos; sempre, quer reconheçamos ou não, quer estejamos cientes ou não, vivemos, nos movemos e temos o ser em Deus.

Quando vemos o mundo como um cosmos criado do qual fazemos parte, tudo se transfigura: corporalidade, sexo, sofrimento, liberdade e desejo se unem num mistério abrangente, numa interação contínua entre o humano e o divino. Isso dota *tudo o que é* de um sentido renovado. À luz de sua condição criatural, a compreensão de Daisy sobre seu sexo mudou, passando de algo atribuído arbitrariamente para "algo que tinha um propósito". Ela não se via mais como sua própria criadora, responsável pelo trabalho de autoconstrução. Uma vez compreendida como *criatura,* a individualidade, incluindo o próprio sexo, torna-se um dom que pode ser aceito em vez de algo que deve ser construído. Isso confere uma orientação diferente a toda a realidade, até mesmo ao próprio corpo: troca-se o *controle* pela *receptividade*.

Já estamos fechando o círculo e voltando ao início, à nossa reflexão anterior sobre o Gênesis e sobre a intrínseca conexão entre identidade e propósito. O cristianismo — na verdade, todo o pensamento antigo — é completamente *teleológico*. O "o quê" de uma coisa, sua identidade essencial, está ligado ao seu propósito. Em termos aristotélicos, isso é conhecido como a causa quarta ou final, o fim último para o qual algo se direciona. É fácil discernir a causa final de objetos simples. O *telos* de uma cadeira é sustentar uma pessoa em posição sentada. Uma cadeira é projetada para cumprir esse propósito singular. E os seres humanos? Para que somos projetados?

A resposta, no *Enuma Elis* babilônico, é a servidão: fomos feitos para ser escravos dos deuses. O *telos* da humanidade, nesse mito, reflete o retrato que o mito oferece da divindade: Marduk é um guerreiro violento, um conquistador; seu poder criativo é secundário em relação ao seu poder destruidor. Ele é um deus que domina e que cria seres que são feitos para serem dominados.

Gênesis também apresenta uma correspondência entre a natureza humana e divina. Esse espelhamento fica claro na linguagem da *imago Dei* do capítulo primeiro. Mas o Deus do Gênesis não é violento. Sua obra criadora, mesmo quando ele separa uma coisa da outra, tende mais à *composição* que à *decomposição*. Ele é um Deus que ama e que cria seres feitos para amar e ser amados. Este é o nosso *telos,* nosso fim último: a comunhão com Deus e uns com os outros.

A narrativa do Gênesis segue uma trajetória entrópica, que vai da harmonia à fragmentação: a totalidade original do Éden se desintegra, camada por camada, decaindo em conflito e divisão. Eis, em última análise, o pecado: uma corrupção da totalidade, uma desmontagem. A nossa história originária termina com o exílio: Adão e Eva são expulsos do Éden, e só lhes resta vagar pela terra.

Seria isto a liberdade, pois? O homem, não mais encurralado no jardim de Deus e sobrecarregado pelas regras divinas, se faz livre para encontrar seu próprio sentido e buscar seu destino? Foi precisamente isso o que a liberdade se tornou para nós, em nosso momento histórico. Despojada da teleologia, a liberdade foi reduzida à permissividade, ao ato de ignorar e romper limites. No Gênesis, porém, o exílio do Éden não é triunfante; é fúnebre, oprimido pela mortalha da morte.

Somos confrontados, hoje, por duas visões divergentes da liberdade: por um lado, a da pós-modernidade, para a qual a liberdade é um processo aberto de autodefinição cujo único limite é a morte; por outro, a da liberdade como um sentimento cada vez mais profundo de pertencimento e totalidade — não apenas dentro de si mesmo, mas em relação a tudo o que é.

Quando considero essas duas maneiras diferentes de entender a liberdade, duas imagens me vêm à cabeça. A primeira é a de um corpo girando sem parar no espaço, num movimento sem limites. A segunda vem da mística medieval Hildegarda de Bingen. Numa de suas visões de fogo, Santa Hildegarda vê toda a criação como uma roda cósmica, uma série de círculos concêntricos perfeitamente interligados. A camada mais externa é o fogo divino, remetendo ao poder de Deus que sustenta todas as coisas. Cada camada subsequente é uma mistura de elementos físicos — fogo, água, ar — e forças espirituais: trata-se do invisível trabalhando através do reino do visível. No centro da roda, em posição cruciforme, está um ser humano de braços estendidos, como se esperasse para receber, para acolher. Raios de luz atravessam a roda a partir da camada do fogo divino, cruzando-se para formar uma teia dourada. Esses raios são feixes de poder, canais de vida e força divinas que formam uma tensão harmonizadora, mantendo a roda em perfeito equilíbrio. "Assim", escreve Hildegarda, "cada parte da criação restringe outra parte da criação; e, da mesma forma, cada uma é sustentada por outra".

De acordo com a voz divina que interpreta suas visões, "a divindade é como uma roda, inteira e totalmente indivisa", um círculo que "envolve e contém tudo o que está dentro dela"[2]. A imagem do ser humano no centro da roda "significa que a humanidade existe dentro da estrutura do universo"[3]. Se a roda é um símbolo da unidade integral de toda a criação, a unidade corpo-alma do ser humano é um microcosmo, um ícone em miniatura, do cosmos como um todo. "O ser humano", escreve Hildegarda, "contém em si a semelhança do céu e da terra"[4].

A sabedoria contemporânea da Igreja repete a sabedoria medieval de Hildegarda. O ser humano deve ser entendido em relação ao cosmos. O Papa Francisco expõe essa ideia

---

2   Hildegarda de Bingen, *O livro das obras divinas*, 54.
3   *Idem*, 62.
4   *Idem, Escritos selecionados*.

fundamental em sua encíclica *Laudato si'*, que chama a atenção para a necessidade de cuidarmos do meio ambiente. Quando ouvimos as palavras "natureza" e "meio ambiente", imediatamente pensamos na vida não humana, nas plantas e animais, bem como na matéria não vivente: montanhas e rios. Francisco, porém, transporta a pessoa humana para a esfera ecológica, não como observadora ou controladora, mas como organismo.

Esta abordagem holística reconhece e proclama a interdependência de toda a vida. Não podemos nos dar ao luxo de considerar o florescimento humano isolado do meio ambiente, como alguns tecnocratas tendem a fazer. Tampouco podemos cometer o erro daqueles ambientalistas que enxergam a humanidade como uma praga na terra. Ambas as perspectivas polarizadas identificam os homens como algo separado da natureza. Evitando os dois extremos, diz Francisco, devemos buscar uma *ecologia integral*: uma ecologia que tenha uma visão do todo, percebendo a necessária integração de suas muitas partes. A dimensão espiritual, a biológica, a política, a moral, a tecnológica — todas essas dimensões da existência devem ser consideradas em conjunto.

Pode-se identificar esse fio holístico no ensino de todos os papas recentes. Em 2011, Bento XVI prefigurou Francisco ao enfatizar a importância da ecologia, o imperativo de "ouvir a linguagem da natureza" e "responder de acordo". Isso inclui, disse ele, uma atenção à "ecologia do homem", à nossa própria natureza, que deve ser respeitada e não manipulada. A integridade pessoal exige que ouçamos a própria natureza e aceitemos a nós mesmos, reconhecendo que não somos autocriados. "Desta forma, e de nenhuma outra", escreve Bento XVI, "se realiza a verdadeira liberdade humana"[5]. Esta afirmação expressa sucintamente a conexão

---

5 Bento XVI, Discurso apostólico, 22 de setembro de 2011.

entre identidade, teleologia e liberdade. É reconhecendo Deus como Criador que encontramos nossa identidade; esse reconhecimento revela nosso propósito, e o cumprimento de nosso propósito nos torna livres.

A carta *Orientale lumen*, de João Paulo II, conecta essa discussão diretamente à liturgia, que une a realidade corporal e cósmica num brado comum de ação de graças. Por meio do culto sacramental, "todo o universo é chamado à recapitulação em Cristo". Na Eucaristia, somos tirados do dualismo fragmentado, e "o corpo torna-se um lugar iluminado pela graça e, portanto, totalmente humano". A liturgia da Igreja revela "o potencial eucarístico do mundo criado", abrindo a possibilidade de restaurar a harmonia exterior com o cosmos, bem como a harmonia interior em si próprio[6].

Compartilho todas essas passagens para demonstrar que a Igreja sempre proclamou essa verdade múltipla — desde as Escrituras, passando por Hildegarda, até todos os papas desde que eu nasci. Ser cristão é considerar a si mesmo em relação ao cosmos e considerar o cosmos em relação a Deus. Além disso, o modo como escolhemos nos relacionar com um deles — o eu, a criação, Deus — influencia sutilmente como nos relacionamos com todos os outros. Não honro verdadeiramente a criação se não honro meu próprio corpo, que é parte dela. Francisco enfatiza essa conexão numa passagem da *Laudato si'* que vale citar na íntegra:

> A aceitação do próprio corpo como dom de Deus é necessária para acolher e aceitar o mundo inteiro como dom do Pai e casa comum; pelo contrário, uma lógica de domínio sobre o próprio corpo transforma-se numa lógica, por vezes sutil, de domínio sobre a criação. Aprender a aceitar o próprio corpo, a cuidar dele e a respeitar os seus significados é essencial para uma verdadeira ecologia humana. Também é

---

6 João Paulo II, Carta apostólica *Orientale lumen*, n. 11.

> necessário ter apreço pelo próprio corpo na sua feminilidade ou masculinidade, para se poder reconhecer a si mesmo no encontro com o outro que é diferente. Assim, é possível aceitar com alegria o dom específico do outro ou da outra, obra de Deus criador, e enriquecer-se mutuamente. Portanto, não é salutar um comportamento que pretenda "cancelar a diferença sexual, porque já não sabe confrontar-se com ela"[7].

Essa frase final dá um golpe no paradigma de gênero, fazendo referência a uma catequese de 2015 na qual Francisco o criticou explicitamente. Ele vê, com razão, que um conceito de gênero desvinculado do corpo é algo que, em última análise, apaga a diferenciação sexual. Nossa capacidade de abraçar a beleza do mundo está ligada à nossa capacidade de abraçar o dom de nossos próprios corpos.

O corpo é um dom. Essa é a visão cristã. A corporalidade nos liga a todas as outras formas de vida, a todas as outras matérias. Pense na intimidade do ato de respirar — de aceitar a exalação de outros organismos dentro de seus pulmões, tomar um pouco da vida deles emprestada, para sustentar a sua. Pense na intimidade que há em comer — em acolher a matéria de plantas e animais, absorvendo-a em seu corpo, extraindo força e energia do fruto da terra. Pense na intimidade do ato de caminhar, confiando a cada momento que o chão o sustentará — uma confiança tão implícita que quase nunca é tema de nosso pensamento. Não é o corpo *idealizado* que é um dom, o corpo adornado com músculos ornamentais, o corpo com membros longos e pele lisa, o corpo retocado, suspenso no âmbar da saúde perpétua e da beleza convencional. Encontramos o dom do corpo em sua finitude, seus limites e falhas, porque esses limites nos revelam nossa interdependência e nos despertam para nossa vocação maior: dar e receber amor.

---

7 Francisco, Carta encíclica *Laudato si'*, n. 155.

Nossos corpos não são objetos estéticos; são modos de pertencimento. Nossos corpos são, para nós, lembretes contínuos de que não somos autônomos, de que a fantasia da autocriação não é mais do que um sonho febril, um sintoma de doença latente. "Na prática, não existe autonomia", escreve Wendell Berry. "Há apenas a distinção entre dependência responsável e irresponsável"[8].

Berry não é católico, mas quando o leio esqueço disso. É difícil qualificá-lo sem um empilhamento de hifens: é um agricultor-filósofo-poeta-provocador. Isso porque seu pensamento se estende para o todo, recusando-se a ficar isolado num ou noutro nicho acadêmico, em especializações fragmentadas e míopes. De acordo com Berry, a doença latente de nossa cultura é a tendência à fragmentação. Rompemos a unidade da criação ao separar o espírito do corpo, a cultura da natureza, a sexualidade da fertilidade. "Não é possível desvalorizar o corpo e valorizar a alma", escreve, e quero adaptar essa afirmação, trocando "alma" por "eu"[9]. *Não é possível aceitar a si mesmo enquanto se rejeita o próprio corpo.*

Além disso, Berry descreve o modo como o "desprezo pelo corpo" leva ao "desprezo por outros corpos: os corpos de escravos, trabalhadores, mulheres, animais, plantas, e pela própria terra"[10]. Não posso deixar de acrescentar à sua lista: os corpos dos enfermos, dos nascituros, dos idosos, dos deficientes, dos desolados. Este livro se voltou, em grande parte, para o apagamento da encarnação sexuada e para o triunfo do gênero desencarnado, mas isso é apenas sintoma de uma doença mais ampla: a negação da dignidade e valor intrínsecos do corpo humano — o esquecimento de que o corpo é um *dom*.

---

8 Wendell Berry, *The Art of the Commonplace*, Counterpoint Press, Berkeley, 2003, p. 107.
9 *Ibidem*, p. 101.
10 *Ibidem*, p. 101.

Símbolo

A cura para esta doença não pode ser sua causa. O bálsamo para a desintegração não pode ser buscado em mais entropia. Muitas das velhas narrativas do paradigma de gênero expressam o desejo de se sentir em casa consigo mesmo e em casa no mundo. É o que ouço por trás dessas histórias: o clamor de um anseio humano genuíno. Esse desejo de totalidade precisa ser nomeado e reconhecido como *bom*. Eis a trágica ironia: as pessoas capturadas pelo paradigma de gênero estão buscando a totalidade dentro de uma estrutura de fragmentação.

Refaçamos nossos passos um pouco. Na lenta virada da era medieval para a moderna, a roda cósmica imaginada por Hildegarda foi desmontada peça por peça. O cosmos sacramental torna-se um universo mecanicista. A Luz Viva que fala com Hildegarda por meio de imagens deslumbrantes torna-se um relojoeiro remoto. A matéria não canta mais as coisas de Deus, apenas ecoa o som oco das vozes humanas. A cúpula dos céus se achata num páramo vazio e em branco.

A modernidade racha o macrocosmo e faz eclodir o eu solitário, um eu não mais aberto e permeável à transcendência, mas afastado e insular, convencido de sua autossuficiência. Sob essa nova bandeira de autonomia, a experiência corpórea feminina torna-se uma ameaça. Os corpos das mulheres são muito permeáveis, muito abertos à individualidade do outro. A gravidez e a maternidade desmentem o ideal moderno da autonomia do eu. Deste modo, a fertilidade feminina é patologizada e suprimida, tratada como uma doença. Sexualidade e fertilidade se desconectam, e o potencial vivificante do sexo é removido das consciências. O sexo biológico não é mais entendido nos termos de seu potencial procriador; e, sem o sentido dessa função unificadora, o sexo passa a ser visto como um conjunto díspar de características que não possuem coesão intrínseca. Estamos agora entrando na pós-modernidade; o desmantelamento do microcosmo — o próprio ser humano — começou.

O eu pós-moderno é mais vulnerável às forças externas: não à transcendência, mas ao poder. No mito originário da pós-modernidade, o deus criador é a sociedade. A pós-modernidade inverte a visão hilomórfica da pessoa humana; não somos corpos animados por almas interiores, mas corpos moldados por forças externas. O *gênero* surge como uma forma de nomear o resultado, na cultura, do "homem" e da "mulher". De início, o gênero ainda está ligado ao corpo, como uma espécie de alfaiataria cultural, a pompa pela qual determinada sociedade articula a diferença entre os sexos. Dentro de algumas décadas, o terreno muda. A *própria* diferenciação sexual torna-se uma fantasia, uma *performance* que dá a ilusão de uma essência. O gênero agora está separado do sexo — a mulher, do feminino; o homem, do masculino — e fundamentado em estereótipos culturais. Desvinculadas do sexo corporal, as categorias de gênero se replicam interminavelmente; cada "estilo" de gênero que foge de uma norma estrita deve ser codificado e nomeado para receber um lugar na lista. A pessoa viva no centro da roda cósmica, o ser humano cuja unidade corpo-alma reflete a harmonia do todo, foi substituída por um modelo de identidade fragmentário. O eu não é mais um microcosmo, mas um ídolo despedaçado.

Em nosso momento pós-moderno, as discussões sobre o gênero tendem a girar em torno da aparência e dos papéis. Ser mulher é cumprir determinado papel social ou imitar comportamentos e trajes tipicamente femininos. O feminismo e sua progênie, a teoria de gênero, centralizam a conversa no *fazer* em vez de no *ser*. Mesmo em suas iterações anteriores, vagamente religiosas, o feminismo tinha uma metafísica fraca; o foco estava em assegurar os direitos legais das mulheres e, mais tarde, em romper com os rígidos papéis sexuais. A teoria de gênero se desenvolveu num contexto filosófico que nega explicitamente a metafísica, colocando a ênfase no "fazer o gênero" (e desfazer o gênero, e refazer o gênero). Nesse paradigma, até mesmo levantar a questão do *ser* é pecado mortal. Por causa dessa aversão, nem o feminismo nem a teoria de gênero são capazes de sustentar com êxito as noções do valor e da identidade intrínsecos à mulher, independentemente de sua ação ou papel. Somente o paradigma cristão católico fornece isso. Para vê-lo, é preciso se aventurar sob o dossel de um cosmos sacramental e começar a pensar sobre o sexo de maneira totalmente diferente: não como um papel ou uma atuação, mas como um *símbolo*.

Herdamos a palavra *símbolo* dos gregos; em seu sentido literal, *symbolon* significa montar ou reunir. Seu antônimo é *diabolon,* que significa separar. Considere essas raízes no contexto da cosmologia do Gênesis. A ação de Deus no mundo é fundamentalmente uma ação de criar ordem a partir do vazio caótico. Quando Ele faz distinções, separando uma forma da outra, fá-lo com o propósito de criar equilíbrio a partir da diferença. Até a criação da mulher segue esse padrão. Ele toma uma parte do corpo do homem e faz uma nova forma de vida, uma mulher, igual e diferente do homem. Há uma separação necessária entre eles. Mas, assim que Deus cria a mulher, une o homem e a mulher; sua diferença torna possível uma comunhão de amor. O cosmos é caracterizado, sobretudo, pela harmonia.

Agora considere a serpente. Suas palavras e ações rompem essa harmonia original. O mal, nesta cosmologia, é apresentado como uma força *divisora*. O que foi criado para estar em equilíbrio agora está em conflito. Alma e corpo, homem e mulher, gente e terra, humano e divino —

cada camada da totalidade cósmica está agora afastada e dividida. É isso o que o diabo faz. O *diabólico* é, em última análise, uma força fragmentadora, geradora de discórdia. Ele divide e destrói o sentido. O *simbólico* é uma força que une, criando equilíbrio para revelar sentido. O Gênesis e a teoria de gênero são duas estruturas inconciliáveis, duas maneiras distintas de entender a personalidade humana. Uma junta; a outra separa.

O paradigma de gênero é diabólico, em sentido literal. Sei que esta é uma afirmação provocativa, mas também acredito que seja verdadeira. É uma estrutura que engana as pessoas, que sussurra a cativante mentira de que podemos ser nossos próprios deuses, nossos próprios criadores, de que o corpo não tem sentido ou dignidade intrínsecos, que podemos escapar de nossa situação factual e encontrar refúgio em um eu construído sob medida. Nesse quadro, o sexo, uma realidade que abrange a pessoa inteira, é fragmentado em características díspares. A mulher é separada da feminilidade, uma categoria desencarnada da qual qualquer um pode se apropriar. Este paradigma toma o desejo humano de conversão, renascimento e ressurreição e o desvia em direção a uma falsificação barata. A culpa da agonia e do vazio interior é posta num corpo saudável, que se torna um bode expiatório fácil, um "problema" concreto que pode ser "resolvido". O problema não é o corpo. O problema é a experiência muito real e dolorosa da desintegração, um problema que pode ter várias origens, a depender das circunstâncias de cada um. Este problema da desintegração não pode ser resolvido por uma filosofia que é, em última análise, niilista, que nega a possibilidade de significado além do eu e, dessa forma, nega a possibilidade da inteireza.

O paradigma do Gênesis é simbólico, no sentido mais amplo possível. O termo *símbolo* nos oferece duas camadas de significação com as quais trabalhar: primeiro, o da aproximação; depois, o da representação. Um símbolo reúne coisas aparentemente díspares para mostrar a verdade, para revelar um significado multifacetado que inclui o concreto e, ao mesmo tempo, vai além dele. Na imaginação sacramental católica, o temporal revela o eterno. O mundo visível revela o invisível. Além de meras funções empíricas ou concretas, a matéria do mundo tem um propósito simbólico. Nossa realidade sensível torna as coisas de Deus tangíveis para nós.

O corpo humano, como parte do mundo material — aliás, seu aspecto mais nobre, o único capaz de reconhecer as revelações divinas —, serve como símbolo sagrado, particularmente em sua encarnação dual. Não existe um ser humano assexuado, e a continuidade de nossa existência depende da masculinidade e da feminilidade. Ao contrário das inovações da teoria de gênero, que falam do sexo como algo que não é reconhecido no corpo, mas imposto arbitrariamente a ele, a visão católica sustenta que há uma *condição de coisa dada* em nossos corpos; neles está inscrito um sentido sagrado, não determinado ou construído segundo nossos caprichos. Os corpos falam a linguagem do símbolo, com ou sem nossa permissão.

Qual é, então, esse sentido simbólico? Que verdade divina proclamamos por meio de nossos corpos sexuados? A Sagrada Escritura e a tradição dão-nos uma metáfora central para compreender a relação entre Deus e o homem: a metáfora da união conjugal. Trata-se de uma metáfora intensamente corporal, que evoca a imagem do homem e da mulher tornando-se uma só carne. Essa união é possibilitada pela diferenciação sexual baseada na complementaridade. Em termos grosseiramente biológicos: na união sexual, o casal une seus sistemas reprodutivos incompletos para tornar-se uma unidade reprodutiva completa. Tanto o homem quanto a mulher trazem a esse acoplamento o potencial intrínseco de criar uma nova pessoa; eles têm dentro de si as sementes da vida. Mas os modos de suas potencialidades não são idênticos. O homem tem a capacidade de transmitir a vida para fora, enquanto a mulher tem o potencial de gestar uma nova vida dentro de si.

Se aceitarmos essas realidades biológicas como um espelho de Deus e da humanidade, veremos o sexo masculino como análogo a Deus, pois Deus doa uma vida que sai dEle mesmo, mas fica à parte dela; Ele é transcendente. O sexo feminino representa a humanidade, porque sua potência está na *receptividade*; o ser humano é criado para receber o amor de Deus, transformar-se interiormente e deixar que esse amor gere frutos.

A abertura para Deus, encarnada na forma da mulher, é o propósito final da humanidade. Este é o *telos* de nossa existência: dizer sim à graça divina, ser subsumido pelo amor divino e acolher a metamorfose interior que ela traz. A mulher, então, é o ser humano representativo diante de Deus; ela carrega a imagem dessa receptividade para a qual todos, homens e mulheres igualmente, são chamados.

Não estamos acostumados a pensar sobre sexo em termos simbólicos, então é fácil entender mal o argumento. Não estou sugerindo que todas as mulheres devem ser mães em sentido literal, que as mulheres são mais espirituais que os homens, ou que os homens estão mais próximos de Deus. Essas objeções esquecem que estamos lidando com *uma metáfora para a relação*. Cada sexo conta a mesma história de comunhão entre a divindade e a humanidade por meio da linguagem do corpo, embora a partir de dois ângulos distintos. Dito de outra forma, e parafraseando as palavras do Papa Francisco, a beleza do projeto criador de Deus inscreve a imagem de Deus não no homem e na mulher isolados um do outro, mas em sua aliança[11].

---

11 Francisco, Audiência geral, 15 de abril de 2015.

Os homens não têm nenhuma capacidade, habilidade ou realização compartilhada que as mulheres não tenham, e vice-versa — não; mas seus corpos simplesmente apontam para realidades espirituais distintas. Da mesma forma como a água simboliza naturalmente aquilo que limpa e sacia, a forma masculina evoca a imagem do marido e do pai e a forma feminina, a da mãe e da noiva. Essa taxonomia simbólica confere a cada corpo um sentido divino, especialmente aqueles que nossa cultura considera mais inúteis, como o dos doentes, dos idosos, dos moribundos: "É a mulher solitária, em seu leito de enfermidade, que pode gestar o Cristo dentro de sua própria alma"[12].

A imaginação sacramental e analógica do catolicismo desloca o valor da identidade sexuada de um ato extrínseco para uma dignidade intrínseca: do *fazer* para o *ser*. Isso abre as possibilidades do sexo vivenciado, libertando-nos dos estereótipos restritivos e do desempenho a que somos compelidos[13]. O sexo corporal não recebe seu propósito das tarefas obrigatórias, dos papéis temporais restritivos ou dos valores estéticos que estejam na moda. O sentido supremo do corpo sexuado é ser um ícone vivo e visível, aquele que acena continuamente em direção ao mundo que se oculta além do véu.

†

Há muita coisa na vida que não podemos controlar, como o lugar e a hora em que nascemos — a família, o país e a história que herdamos. Entramos na história do mundo *in medias res*. Não escolhemos nosso sexo ou o caminho de desenvolvimento que ele toma. Não escolhemos nosso

---

12 Gertrud von le Fort, *The Eternal Woman*, Ignatius Press, São Francisco, 2010, p. 104.
13 Tirei a expressão "sexo vivenciado" de Angela Franks, como uma alternativa para o substantivo "gênero", que o mantém ligado ao corpo.

amálgama de qualidades e traços, esses fios que formam a tapeçaria da personalidade. Não podemos escolher quando a doença e a ferida aparecerão; só temos como saber que vão ocorrer.

No entanto, há uma coisa que podemos escolher livremente — *livremente* apenas porque os dedos gentis de Deus desamarram o que nos prende e nos cega. Podemos optar por receber todas essas coisas como *dons*. Podemos optar por dizer sim a um Amor que é mais forte que a morte. Podemos entrar, agora mesmo, no eterno momento da Anunciação, quando o *sim* de uma mulher se torna o fulcro da redenção.

Ela é o verdadeiro microcosmo, o pináculo do ser criado, o símbolo vivo do poder-como-entrega. Seu *sim* é o poder da criatura, um poder que abre o galho cortado para a seiva rejuvenescente de Deus — e que o torna não mais um galho morto, mas explodindo em floração. Seu *sim* é a porta para o Éden, o limiar da plenitude, onde o homem se reconcilia com a mulher e ambos se reconciliam com Deus. Neste *sim* está o nosso propósito. Neste *sim* está a verdadeira liberdade. Por meio deste *sim*, nossa visão pode ser restaurada; podemos ver e entrar no escopo do todo, na teia de fogo que nos mantém no ser e nos liga a todas as outras formas de vida. Por meio deste *sim* nos tornamos quem somos.

Ó, Senhor, abre meus lábios.

Aos curiosos se adverte
que este livro foi impresso
em papel offset 75 g/m²
e a capa em papel cartão 250 g/m²
para a Quadrante Editora, de São Paulo,
no início de 2025.

OMNIA IN BONUM